U0067579

普天之下・盡是好書
普天 出版家族
Popular Press Family
凌雲 文創
A-Plus Creative Company

美國百貨大亨朱里亞斯．羅森華曾經這麼說：

「當手上只有一個酸檸檬時，聰明的人會設法將他做成可口的檸檬汁，而愚蠢的人，則會眼爭爭的看著它，直到爛掉為止

在這個腦袋決定口袋的社會，每個人致富的機會其實是均等的，重點就在於你有什麼想法，又採取什麼做法。

發財致富有時候固然需要一點運氣，但是，運氣不會無緣無故從天上掉下來，運氣就在一個人的積極行動當中。

有錢人的做法和你不一樣 全集

Secrets Of The Millionaire Act

沒錢人用雙手賺錢，

有錢人用腦袋賺錢

岳達人 編著

出版序

只有不努力，沒有不景氣

應該秉持「策略家」的心態與智慧，
以非贏不可的「使命感」為驅動力，
利用「腦力激盪」集思廣益，開創自己的人生版圖。

美國百貨大亨朱里亞斯，羅森華曾經這麼說：「當手上只有一個酸檸檬時，聰明的人會設法將他做成可口的檸檬汁，而愚蠢的人，則會眼爭爭看著它，直到爛掉爲止。」

在這個腦袋決定口袋的社會，每個人致富的機會其實是均等的，重點就在於你有什麼想法，又採取什麼做法。

發財致富有時候固然需要一點運氣，但是，運氣不會無緣無故從天上掉下來，運氣就在一個人的積極行動當中。

許多世界級富豪的成功經驗都告訴我們，致富的秘訣其實極爲簡單，而且容易執行：一個人激發出多少腦力，付出多少代價，決定了他可以獲得多少財富。

但是，僅僅擁有想法是不夠的，擁有超越別人的獨特想法之後，還必須腳踏實地去執行，並且積極爲自己創造機會。

賺錢的機會到處都是，想成爲有錢人，必須記住：掌握優勢，主動出擊，是致富的不二法門。即使本身沒什麼創意，也要懂得借用別人的想法和做法，讓它們幫自己賺錢。

現在的社會，人才濟濟，充滿殘酷而現實的競爭，每個人、每個企業都想超越他人，獨霸一方。

儘管人人都使出渾身解數，想一鳴驚人、嶄露頭角，但眞能達成理想心願的，畢竟只是少數。無怪乎很多人不敢有突破現狀的「非分之想」，而牢牢掛記著「爬得越高，摔得愈重」的箴言。

然而，有些能掌握趨勢，以策略性思考因應環境，而另闢致富蹊徑的人，卻不持悲觀看法。他們認爲，經濟並無景氣與不景氣之分，只有爭氣與不爭氣之分，所謂的不景氣，正是淘汰不爭氣的競爭者的絕佳時機。

事實證明，市場再景氣也有人虧本，甚至負債累累而倒閉，再怎麼不景氣還是有人看準契機而賺大錢，這正是「事在人爲」。

的確，在這變化多端，風雲莫測的環境，不管是個人或是企業家，思考角度和做事精神，不能再拘泥於昔日的老套架構——試圖以不變應萬變的呆板模式渡過難關，而應該秉持「策略家」的心態與智慧，以創新爲著眼點，重視事實和見識，作理性與前瞻的分析；以非贏不可的「使命感」爲驅動力，利用「腦力激盪」集思廣益，開創自己的人生版圖。

凡事無法要求十全十美，但必須力求掌握關鍵，製造相對的競爭優勢，並積極向自己的限制挑戰，自然會有一番新氣象。

平常人一遭到重大的挫折、壓力，總是容易患得患失，而使心態失衡，失去往日的睿智與冷靜，甚至變得目光如豆，只見到眼前的禍害，而看不到未來的遠景，更看不到四周仍有可運用的資源，以及相當多的選擇途徑。

當事人面對層層壓力，所作所爲容易被表象迷惑，被外力控制，在動彈不得的流沙中掙扎，往往愈陷愈深，終於犯下不可挽救的錯誤。

擔心失敗與追求成功的心理，人皆有之，適度的憂患心理不但可以鞭策人成長，而且可使人積極進取。但是，過度的操心，變得患得患失，反而是精神的一大負擔，會使人選擇逃避，不敢面對事實。一個人的心理防線如果被打敗，自然就與成功絕緣了。

其實，策略性思考就是要我們進行某項決定時先釐清問題，瞭解問題的本質何在，而不是急急忙忙、慌慌張張地尋找解決藥方。就像在投資理財的過程中，許多人根本就欠缺最基本的專業知識，卻忙著在股票、期貨、外匯市場殺進殺出，結果可想而知。

事實眞象和徵狀尙未分辨清楚時，很容易下錯誤的決策，一棋走錯，容易招致滿盤皆輸的惡果。所以，在尋求眞正的解決方法之前，必須先徹底瞭解問題的根源，分辨眞象與假象，這樣才能對症下藥，否則只是空忙一場，不但經濟景氣的時候失去致勝先機，甚至在不景氣的年代也無退路可走，離成功愈來愈遙遠。

BMW的創始人卡爾·斐德利希·拉普曾說：「有些人成功致富的方法，說穿了並沒有那麼困難，就看想到的人，誰先去做到。」

很多人都有過這樣的經驗，看到一些成功致富的例子時，不禁暗自懊惱，這些方法自己以前也想過，只是認爲太過簡單，或是太過異想天開，絕對不可能成功賺到錢而放棄。

這就是大部分人無法成功致富的原因。有錢人的做法和一般人不一樣，他們知道致富有兩個原則，一是發揮自己的創意，二是讓自己的創意深具競爭優勢，因爲最後眞正賺到錢的，往往是那些知道發揮創意並且立即行動的人。

想要成功致富，就必須培養敏銳的嗅覺和精準的判斷力，將自己身上的才能發揮到極致，如此才能在別人意想不到的地方獲得最大的利益。

不同的景氣代表不同的商機，當局勢發生變化的時候，不能逃避或繞開它們，而是必須面對它，才能發揮巧妙的創意，開發源源不斷的商機。

輯1 創意帶來最美麗的奇蹟

想要縱橫商場，無往不利，就要牢牢銘記著「創新」兩字，另闢一條易行蹊徑，而非在摩肩接踵的人潮中擁擠。

目 錄 CONTENTS

輯 2

分享權益，換得員工的積極

公司若要想獲取最大利潤，必須提升全體職工的積極性，而將利益毫不吝惜地分享給每一份子，則是達到此一目標的最佳選擇。

輯3

退一步，得到的不只海闊天空

俗話說得好：「退一步海闊天空。」這不僅僅是為人處世的道理，在詭譎險惡的商場，也有其可供參考應用之處。

輯4

與其計較公平，不如厚植實力

無論古代現代、東方西方，做生意無非就是使出渾身解數的競爭，而要稱霸商界，最有效的手法就是壟斷。

目錄 CONTENTS

輯5

精準宣傳，催生出令人驚歎的奇蹟

如果不能引發大眾的購買消費慾望，企業必將無法生存，所以市場宣傳看似不足道，實際上卻可以決定企業的生命。

輯 6

讓消費者找到驚喜

廣告是打響企業名聲、宣傳產品的必備手段，而如何做得出色，就需要當事者拿出突破的創意與確切實行的毅力。

輯 7

從冒險中發現成功的捷徑

千變萬化的複雜市場取代了靜止不變的傳統經營模式，經營者的每一項決策、每一次行為都蘊含著成功的希望，以及失敗的可能。

目 錄 CONTENTS

輯 8

有長遠的目光，成就必定輝煌

應把眼光放在長遠的事業經營，而非盲目地奪取蠅頭小利並自以為滿足。將好的品牌作正確延伸，收穫必將不可限量。

輯9 事在人為，發達靠自己

再壞的市場，也有人賺錢；再好的時機，也有人破產。可見本身經營水準的高低，才是決定勝敗的根本。

輯10 另類管理創造另類奇蹟

別迷信專家的意見，別被一般的規範與模式左右，切記成功操之在己，眾智思考，還須搭配「自負」行動。

目錄 CONTENTS

輯11

與眾不同將使你更接近成功

唯有抓住群眾心理，看準社會趨勢，敢於「逆向操作」、「與眾不同」，才能從逆境中突圍而出，以出奇制勝。

輯12 必先知己知彼，才能百戰百勝

商戰無情，要想在激烈的市場競爭中取得勝利，關鍵在必須對競爭對手的情況瞭若指掌，同時也對自己有清楚的全盤認識。

目錄 CONTENTS

輯13

只要有創意，到處都是商機

多發揮想像！如果眼前危機出現，讓腦袋多轉幾個彎，你自然會發想出絕妙的好點子，讓人生變得更加精采。

創意帶來最美麗的奇蹟

想要縱橫商場，無往不利，就要牢牢銘記著「創新」兩字，另闢一條易行蹊徑，而非在摩肩接踵的人潮中擁擠。

棄舊圖新，從否定中開創新局

海耶克的卓越在敢於否定，否定「鐘錶王國」堅守的過去輝煌，接著否定企業因循苟且的經營方式，讓瑞士鐘錶在煉獄中新生。

瑞士雖是個小國，卻擁有獨步全世界、極為發達的鐘錶工業，其製品的精密準確度和細緻質感，在在令人讚嘆。然而，人所不知的是，這樣的優勢也曾遭遇空前危機與挑戰。

二十世紀七〇至八〇年代初期，日本、美國和香港等地區的鐘錶業迅速崛起，在競爭對手「擠兌」下，瑞士「鐘錶王國」的輝煌冠冕逐漸褪色——一九八二年，世界市場佔有率暴跌至九%，手錶年產量下滑到五千三百萬只，出口量從過往的八千萬只以上，跌落至只剩三千一百萬只，銷售總額退居日本、香港之後而屈居第三。

市場競爭失勢，業界一片愁雲慘霧，兩家最大的鐘錶集團ASUAG、SSIH累計虧損高達五億四千萬瑞士法郎，全國有三分之一的鐘錶工廠倒閉，數以千計的小鐘錶公司宣告停業，一半以上的鐘錶工人面臨失業的慘況……

爲救亡圖存，挽回市場佔有率，瑞士七家銀行聯手投資了十億瑞士法郎，買下ASUAG、SSIH兩大集團共計九十八%的股票，然後將其合併，於一九八三年五月組建爲SMH集團（後更名為Swatch Group Inc.），聘請海耶克擔任總經理。

或許是因爲蒙受了「鐘錶王國」氣氛的薰陶，一九四〇年於瑞士出生的海耶克，自小便對鐘錶業有極爲濃厚的興趣。更加可貴的是，他還具有前瞻且獨到的眼光，一九七八年出任埃塔鐘錶零件公司總經理後，就帶領公司不斷進行技術創新，並四處奔走疾呼，向所有安於現狀不思改變的同業示警。

接掌如此龐大的集團，面對惡劣情勢與沉重的期許，所有人都瞪大了眼睛，等著看海耶克如何出手，而他也沒有讓大家失望，甫上任便拋出一個震撼彈——棄舊圖新！

棄舊圖新，意指應當摒棄對電子錶不屑一顧的封閉觀念，虛心學習對手的長處，急起直追，進而在迎頭趕上後，領導石英錶與電子錶的潮流，重回世界鐘錶業龍頭寶座。

聽似理所當然，在當時卻是許多瑞士人萬萬不敢苟同、無法接受的觀念。堂堂機械錶的老大竟然得向後起的石英錶低頭，這是多麼沒有面子的一件事情！然而事實就是如此殘酷，眼前注定將有一場激烈戰爭，而結果直接關係了國家經濟命脈與全體國民的生計。

海耶克曾沉痛地說：「瑞士鐘錶業衰落最重要原因，不是別的，正是對機械錶的過分自滿與珍愛。電子錶技術明明是瑞士首創研發，卻又視若兒戲，遲遲不願意正式推上生產線，以致被敏銳的日本和香港鐘錶商抓到先機。淪落到今天的困境，說實話，我們是被自己打敗的。」

電子錶的優勢在於靈巧、方便、便宜。一只價格不過幾十美元的石英電子錶月誤差不會超過十五秒，而「機械錶之王」勞力士的月誤差卻在一百秒左右，兩者相比，石英錶無疑佔有絕對優勢。

可以想見，現代與未來社會中，需求量最大的將是準確而價廉物美的石英鐘錶，以及形同玩具的電子錶。為此，海耶克大聲疾呼：「昨日輝煌不能帶來今日的出路。」

在海耶克的大力推動帶領下，SMH集團很快推出了一批新式石英錶，其中最具競爭力的當屬全塑膠外殼，繪有不同精緻花紋的帥奇（swatch）錶了。由於採用最新的製造技術，具有輕巧、抗震性強、防水性佳等優點。錶件生產過程由機器操作處理，因而在提高穩定性的同時大大降低了生產成本。

帥奇錶物美價廉且流行性高，問世後，銷量果然扶搖直上。站穩腳步，緊接著便是向前進攻。對於帥奇錶在歐洲、南美、非洲、東南亞等地的暢銷，海耶克並不滿足，他要「師夷制夷」，進佔石英和電子錶市場的「領頭羊」——日本與美國。經過連串的精心策劃和強勢廣告促銷，首批出口美國的四百萬隻薄型帥奇錶被搶購一空，一九八六年揮軍日本，也成功以每只七千日元的低價，風靡市場。

又一次看到瑞士錶風行世界，瑞士人無不為此心花怒放。打破過往獨尊機械錶的驕傲迷思，成功以反傳統的電子錶奪回市場，海耶克的膽識與遠見，令所有人深感折服。

但對於這樣的結果，海耶克並不感到滿足。

瑞士製錶工業擁有「勞力士」、「歐米茄」、「浪琴」、「天梭」、「雷達」等傳統高檔品牌，每只手錶售價動輒上萬美元，但每款產量極小，尤其以歐米茄和天梭錶為甚，如此不但不利於提高效率、降低成本，也難以管理。

以帥奇錶扳回劣勢後，海耶克大刀闊斧地對歐米茄、天梭旗下產品進行全面整頓，首先堅決淘汰利潤不高的品種，擴大批量，從而大幅降低生產成本，並使手錶品質因標準化的提高而得以穩定。

其次，發展石英電子錶，讓歐米茄的電子錶產量上升至總量的五十%左右，天梭電子錶也占總產量的六十%以上。

大批量、標準化，這就是海耶克的圖新。

海耶克的「棄舊圖新，領導潮流」成功使瑞士鐘錶業盛景再起，二十世紀八〇年代中期，世界市場佔有率終於恢復到四十%，成功地超過日本、香港等勁敵，奪回失落多年的「鐘錶王國」寶座，重新稱霸世界。

認清現況，擺在面前的究竟是面子問題，還是生存問題？當兩者發生衝突時，孰重孰輕呢？

昨日的榮耀不該是限制今日腳步的枷鎖，海耶克的卓越在敢於否定，否定「鐘錶王國」堅守多年的過去輝煌，接著否定企業因循苟且的經營方式。藉著否定，讓瑞士鐘錶在逆境中重獲新生。

創新是成功最好的加速器

看似微不足道的小改變，累積起來就可以達到驚人效果。藉著不斷的創新，一個台階一個台階地往上爬，直至步上成功的坦途。

的確，社會上是有那麼一些天才或運氣極佳的幸運兒，似乎在一夜之間，就輕易達到了衆人夢寐以求的成功巔峰。但我們要認清，這畢竟是特例中的特例，對絕大多數人來說，成功的取得需要長時間奮鬥，並佐以持之以恆的攀登。不過，也有一種辦法能縮短這個過程，就是不斷創新。你不可能一蹴而就，卻可以不斷設計適合自己的最佳攀登方案。

在美國，有位憑著三千五百美元創業的女老闆索斯．亞莉，從商不過四年，已經擁有了第四家五金連鎖店。

談及自己的成功經驗，她說：「我確實很努力，但只靠早起與加班是不足以贏得四家店面的，因爲大部分人都同樣努力地工作。我的成功，是靠著自創的『每週改良計劃』。」

這位女老闆把工作分爲四大項——顧客、員工、貨品、升遷。每天，她詳細地把各種改進業務的構想記下來，等到星期一晚上打烊後，花四小時左右時間檢視一週以來記下的所有構想，同時考慮如何實際地應用。

所謂「構想」，是她強迫自己思考出來的、與過往不同的一些小創新。例如改變商品陳列方式；實行「建議式的銷售技術」；針對失業的熟客，實施「信用計劃」，讓他們得以延期支付貨款；還有「購買競賽計劃」，使銷售額在淡季仍能穩定增加。

一週一週地實行改良計劃，力求不斷有新的突破，同時反問自己：「我還能做些什麼來吸引顧客呢？」

亞莉認爲應該設法吸引更多的兒童，因爲這樣等於吸引了更多的成人。爲此她擬出一個辦法，就是在供應四至八歲兒童的產品區中，多加一排小型紙玩具。這些玩具不占什麼空間，也賣不了多少錢，但「小兵立大功」，它們有效地使顧客川流不息。

看似微不足道的小改變，累積起來就可以達到驚人效果。藉著不斷的創新，亞莉一個台階一個台階地往上爬，直至步上成功的坦途。

美國通用電氣公司的口號說得好：「進步，就是公司最重要的一項產品。」不要企圖一步登天，但也不要一味地埋頭苦幹，你必須強迫自己不斷產生創造性的構想和行動，每天工作前，花十分鐘想想：「我要如何把工作做得更好？」「我該怎麼激勵員工？」「我還能爲顧客提供什麼服務呢？」

EJL廣告公司總裁喬治·洛伊斯曾說：「創造力能夠解決幾乎所有的問題。富有創造性的行為，能夠打破常規，克服一切難題。」

如此一來，你必將更快地接近那原本遙遠的目標。

讓思想與市場的脈搏一起跳動

有新思想固然很好，但更重要的是規劃與實踐的能力，讓自己的產品突破限制、打敗對手，與市場的脈搏一起跳動。

一九三六年，二次世界大戰前夕，摩托羅拉公司總裁高爾文攜家帶眷赴歐，展開爲期六週的旅遊。這段期間，除了興致勃勃地瀏覽了奧地利、法國、英國和德國的美好風光，瀰漫在歐洲各國間的不安氣氛也引起了他的注意，並預感一場大規模的戰爭即將開打、勢難避免。

想要在戰爭期間維持公司的經營，首要便得從事對國家有益的生產。返回美國後，他立即指派旗下工程師進行無線電設備的改進研究。

時機終於到來了，一九四〇年初的某一天，《芝加哥每日新聞》的編輯打電話告訴高爾文一個消息：由於缺乏無線電通訊聯絡設備，正在威斯康辛州進行的軍事演習受到很大阻礙。

根據這一資訊，高爾文立即派遣總工程師米契爾和約德，前往威斯康辛州的麥科伊營地，進行實地考察。

在軍事演習現場，米契爾看到士兵們背著笨重的無線電設備作通訊工具，當即向通訊部隊的上校表示：「這樣子根本無法打仗！我認爲我們能以此爲目的，向你們提供一種輕型並便於攜帶的無線電設備。」

回到公司後，米契爾向高爾文詳細匯報了情況。在沒有來自軍方任何具體合約或承諾的情況下，高爾文當機立斷，命令米契爾等工程師以此爲目標，全力研製能適應作戰的無線電通訊設備。不久後，由話筒、頭部天線和內裝電池構成，重量約五磅，能保證一英里內通話品質的手持無線話機誕生了。

但研發行動竟遭遇意想不到的挫折——高爾文興致勃勃地向軍方展示出樣機，卻只有少數高階軍官將領對此抱有興趣，大多數人都持著懷疑態度。因此，他們只接獲到極少量的訂單。

不理想的第一步使許多參加研發的人垂頭喪氣，但高爾文卻堅定地相信，有朝一日，無線電話機必定會在戰爭中受到青睞，所以仍需繼續改進該產品的功能。不出高爾文所料，手持無線電話機很快便大放異彩了。

羅斯福總統看到情報人員用這種東西與員警聯繫，不由大感興趣，並主動寫了一封推薦信給當時組織傘兵的軍官，軍隊也很快發現了這小玩意兒在實際作戰中可發揮的驚人作用，並與高爾文簽訂了大量合同。

不久後，摩托羅拉收到一張訂單，要求兩天內向轉運站發送一百台話機，以適應「特殊、最緊急的需要」。高爾文按時將貨發了過去，幾個月後才知道，這批貨物爲著名的「卡爾遜突擊隊」所訂購，將士們有了無線電話機的幫助，簡直如虎添翼，在戰場上取得了一次又一次勝利。

由於在戰爭期間的傑出貢獻，美國陸軍部和海軍部先後五次授予摩托羅拉三等獎章，高爾文本人也在一九四六年接受陸軍部授予的感謝狀。

在戰場上所取得的輝煌成就，再次引發了高爾文的創意，他想，如果能夠解決現有在設計與合作上存在的問題，那警察也可以大量應用無線電話機。他立即著手推動這件事情，並告訴身邊的人：「這是一種需要，我看到了一個還沒有人去開拓的市場。」

有一次，高爾文偶然在一本雜誌上，讀到康乃狄克大學諾布林教授，幫助警局開發FM汽車通訊系統的報導，立即千方百計與諾布林教授取得了聯繫，並以誠意說服了對方暫時離開大學，到摩托羅拉工作。

消息傳出後，公司內部出現了不少反彈，原有的工程師大多沒有受過高等教育，但卻有著出色的實際工作能力，他們把諾布林這樣一個從不考慮價格和利潤，只知埋頭於研究的學者看作是入侵者，紛紛對高爾文提出勸告：「不能相信這樣的書呆子。」

面對反對聲浪，高爾文卻毫不動搖。而在美國正式宣布參戰後，諾布林前往訪問華盛頓，一位上校對他說：「美國陸軍通訊部隊有個新計劃，就是開發新型AM攜帶型無線電話。」

諾布林一聽，當下坦率地告訴對方：「這是一個嚴重的錯誤，應該開發的是

FM攜帶型無線電話。」正是由於這次談話，促使陸軍通訊部正式簽發合約，委託摩托羅拉研製FM攜帶型無線電話。

諾布林因參與開發話機，而被陸軍部隊授予「功勳證書」。

與高爾文的工作協議在一九四一年期滿後，他選擇留下，從此正式成為摩托羅拉的一員，協助公司在流動通訊設備業務上穩定發展，獨步全國，取得無可爭議的領導地位。

高爾文用敏銳的思維與膽識，在最嚴酷的時代抓住一閃而逝的機運，憑著心中一直燃燒的信念，運用準確洞察力，在戰火中腳踏實地前進，從而揭開了屬於摩托羅拉的燦爛篇章。

當歐洲戰場還是硝煙彌漫，美國部隊正忙於登陸戰時，眼光遠大的高爾文已經開始考慮起戰後的發展問題了。一九四三年六月，他在於芝加哥舉辦的收音機廠商協會會議上指出：「我們必須開始考慮回到和平後的經濟問題。」次年六月，他又與工業界領袖和戰時生產局的官員們會面，著手制訂了一項計劃，即在大戰結束之後，戰時生產局的限制法令必須修改，重新允許民用與軍事工業並進發展。

高爾文預見戰後軍事需求必將大大削減，這會導致許多靠戰爭起家的企業倒閉。因此，他要求工程技術部門加緊民用新產品的設計，並擬訂新的經營管理計劃，除繼續從事收音機生產外，還增加電唱機的生產，追求在穩定中繼續增長。

一九四五年，第二次世界大戰結束，摩托羅拉很快便接到終止戰時合同的通知。面對這樣的情況，許多公司開始關閉工廠或削減工資，拚命緊縮，高爾文卻反其道而行，表明決不降低任何員工的工資和薪金。因爲他相信，只要經營得當，員工們齊心協力，公司必然能以不同面貌繼續經營下去。

事實證明了他的正確。

一九四六年是摩托羅拉轉換經營方針的非常時期，儘管上半年虧損將近六十萬美元之多，然而情況沒有再惡化下去，年底結算的利潤甚至奇蹟般高達數十萬美元。在其他公司都蒙受重大損失的情況下，這一不尋常結果跌破了許多人的眼鏡，不得不對高爾文的非凡駕馭能力由衷嘆服。

昂然從戰火中走出的摩托羅拉，蛻變得更加豐滿茁壯。在增加電唱機生產的同時，高爾文也決定向一個新興的工業領域——電視機進軍。

他說：「我們將擁有另一種工業，它的前景與發展規模將與收音機不相上下，甚至比它更大。」

要開發出優質的產品，就必須找到可以倚賴的技術人員。高爾文廣招賢才，從麻省理工學院雷達試驗室聘請到一批才華橫溢的工程師，還別出心裁地將他們分成兩個研製組，以激發技術人員的競爭意識。

開發小組果然不負衆望，成功地一舉研製出兩種不同型號的電視機。設計極爲卓越，成本卻又極其低廉，果然使摩托羅拉電視機很快佔領了市場，在短短幾個月內，總銷量躍升至同類型產品中的第四位。

隨著一九五〇年六月二十五日韓戰的爆發，摩托羅拉再次投入軍事生產，並藉此大幅提高業績，使其銷售總額於該年底達到一．七七億美元。此後，摩托羅拉繼續致力於開發新產品，到了一九五四年，銷售總額堂堂突破兩億美元，建立起難以撼動的穩固地位。

身為一個企業的領導人，有新思想固然很好，但更重要的是規劃與實踐的能力，讓自己的產品突破限制、打敗對手，與市場的脈搏一起跳動。

高爾文做到了這一點，所以摩托羅拉的產品能暢銷全球。

機遇只給懂得珍惜的人，關鍵在於企業的領導者是否能有慧眼和慧心，將創意付諸實施，讓夢想實現。

創意帶來最美麗的奇蹟

想要縱橫商場，無往不利，就要牢牢銘記著「創新」兩字，另闢一條易行蹊徑，而非在摩肩接踵的人潮中擁擠。

商場上因勇於創新而獲得成功的例子，簡直可用不勝枚舉來形容。

法國美容產品製造師伊夫．洛列是靠經營花卉起家的，在一次產品發表會上，他曾頗有感觸地說道：「能有今天的成果，我絕對不會忘記卡內基先生，因爲他的課程教給了我一個秘訣。過去，我經常與它擦肩而過，沒有給予足夠的重視，也沒有把它當作一回事來認眞對待，而現在我卻要說，創新，的確是一種美麗的奇蹟。」

伊夫．洛列從一九六〇年開始生產美容商品，到了一九八五年，已經擁有九百六十家分店，廣泛地分布於全世界。他的成功，使法國最大的化妝品公司「歐萊雅」坐立難安，惶惶終日。

探究伊夫．洛列爲何能夠在悄無聲息間取得如此驚人成績，有很大的原因，是仰賴了他的創新精神。

一九五八年，伊夫．洛列偶然得到了一種專治痔瘡的特效藥膏秘方。這個秘方令他產生了濃厚的興趣，於是便據以研製出一種植物香脂，並開始挨家挨戶地登門推銷產品。

有一天，洛列靈光一閃，想到一個新點子——何不在知名的《這裡是巴黎》雜誌上刊登商品廣告呢？如果順便在平面廣告中附上郵購優惠單，說不定能夠有效地促銷產品。

當身邊朋友全都表示反對，並爲他的投入的巨額廣告經費惴惴不安時，產品卻開始在巴黎暢銷起來。大膽嘗試讓洛列獲得了意想不到的成功，原以爲如同泥牛入海、有去無回的廣告費用與獲得的利潤相比，簡直輕如鴻毛。

那個年代，一般人都認爲以植物花卉製造的美容產品毫無前途，幾乎沒有人

願意投入資金去發展，洛列卻反其道而行，開始有系統的研究並經營草本美容商品。一九六〇年，美容霜正式上市，透過他獨創的郵購方式，又一次獲得成功，順利地賣出七十多萬瓶。

如果說採用植物製造美容產品是洛列的一種嘗試，那麼，採用郵購的方式銷售，則是他獨步同業的另一項創舉。

一九六九年，洛列創辦了他的第一家工廠，並在巴黎的奧斯曼大街開設第一家門市，開始大量生產和銷售美容品。

伊夫．洛列總是這樣告訴他的職員：「我們的每一位女顧客都是王后，她們應該獲得王后般的服務。」

洛列式郵購手續簡單，效率卻極高。顧客只需寄上姓名地址，便可加入「洛列美容俱樂部」，並很快收到樣品、價格表和使用說明書。而公司在接到郵購單後，幾天之內便可把商品寄給買主，同時附上一件禮品和一封建議信，以及溫馨眞誠的問候。

對於那些工作繁忙或住家較偏僻的婦女來說，這種方式無疑是非常理想的。

如今，透過郵購從洛列俱樂部獲取口紅、眼影、蜜粉、沐浴乳和保養乳霜的婦女，已高達六億人次。

洛列的公司每年可以收到八千多萬封信件，有些簡直跟私人信件沒兩樣，不但附了照片和親筆簽名，內容也親密熱切，好像朋友一般。這是因爲公司的建議信總寫得十分中肯，不厭其煩地一次次告訴訂購者，美容霜並非萬能，規律地生活才是最佳的化妝保養品。不像其他公司的廣告與銷售模式，總把自己的產品說得天花亂墜，彷彿功效無與倫比。

此外，公司建立了一千萬名會員的資料，每逢她們生日或重要節日前夕，都不會忘記寄上新產品試用樣品與卡片，以示祝賀。

優質服務帶來了豐碩成果。公司每年寄出郵包達九百萬件，相當於每天三到五萬件。一九八五年，總銷售額和利潤增長了三十％，營業額超過二十五億，其中一大半來自海外市場。今日，伊夫．洛列已經擁有四百種以上美容產品，和八百萬名忠實的女顧客。

經過嘗試和思考，才能找到走向成功的契機。

化妝品市場競爭之激烈令人觸目驚心，如果亦步亦趨，墨守成規，那肯定只能成爲陰影下的跟隨者。伊夫．列洛懂得同中求異，別出心裁、另尋蹊徑，除了生產不同於競爭對手的商品，並採用全新的銷售方式——郵購，贏得了爲數衆多死忠顧客的心，從而打下堅實基礎。

想要縱橫商場，無往而不利，就要牢牢銘記著「創新」兩字。洛列的經歷正好驗證了拿破崙．希爾的話：「如果想要迅速致富，那麼最好另闢一條易行的蹊徑，而非在摩肩接踵的人潮中擁擠。」

踏穩節拍，跟上萬變時代

我們處在一個不斷變革的時代，科學技術在飛速發展，企業經營環境也在改變，應對這一切挑戰的秘訣就是創新。

一九四六年，日本卡西歐公司甫成立時，只不過是個僅有一台機床的小工作坊。而現在，它已蛻變成擁有近千億日元資金，且營業額高達一千八百億日元的世界級大企業。

卡西歐之所以成功，其秘訣就在於對產品的不斷創新。

卡西歐公司成立後不久，就推出了主力產品——中繼式國產小型電腦。五十年一路走來，卡西歐始終堅持定期推出主力商品，等到過於陳舊便加以淘汰，同時再生產新產品取代，並明確遵循以下目標——下一個主打產品的功能要比現在提高二十％，價格則要降低二十％。

二十世紀七〇年代中期，卡西歐致力於開發以學生、職員、家庭主婦爲主要消費對象的小型廉價商品。七〇年代末期，推出「迷你式」LC—78微型計算機。而在進入八〇年代後，卡西歐仍然不斷地向市場推出新產品，例如只有信用卡大小，功能強大且便於攜帶的太陽能計算機。

卡西歐在開發新產品時，十分注重產品功能的複合化，給予用戶更多方便。他們在二十世紀六〇年代首先生產出具有計算、計時、讀秒、鬧鈴四種功能的複合式計算機；在七〇年代，又成功開發出多功能電腦和函數電腦；八〇年代以後，產品種類更是五花八門，除了超薄型電腦、資料電子錶以外，還包括可以伴唱的電子樂器、高靈敏度的太陽能計算機等等。

因爲有源源不斷的新產品問世，使卡西歐獲得積極前進的動力和發展的活力，目標也由「計算器的綜合製造」發展到「情報機器的綜合製造」，再進化到「電子機器的綜合製造」。

爲了保證新產品的開發，卡西歐公司設立了研究開發總部。該部擁有八百多名技術人員，占職工總數的二十五%，專門從事新產品研發和技術提升，科研經費占銷售總額的四%左右。研究開發總部底下，細分成許多個小組，各小組密切注視市場的動態，設計出合於各種需求的新產品，並以高效率生產、投入市場。

此外，公司還建立了「卡西歐振興科學財團」，專門資助獲得突出成就的科研人員，提高員工的鬥志與向心力。

卡西歐公司的成功經驗告訴我們，要想保持長盛不衰，就必須隨時進行自我更新，用科學技術來改造原來的產品，以適應不斷變化的市場需求。否則，因循守舊、驕傲自滿、故步自封，無論企業過去的歷史多麼輝煌，最終也會被時代發展的趨勢所淘汰。

美國勝家公司曾經是一個國際性的大企業，所生產的勝家縫紉機暢銷全球。一九四〇年代，世界上每三台縫紉機中，就有兩台是勝家所出產。可是，到了一九八六年，勝家公司卻不得不放棄了縫紉機這塊戰場。

爲什麼呢?原來,勝家公司沒有能夠投入人力、財力以開發新產品。一直到一九八五年,勝家公司生產的仍舊是十九世紀所設計的縫紉機,而其他生產廠家早就研製出更新更好的產品,例如日本研發的縫紉機在操作失誤時會發聲提醒,英國則推出了「音樂縫紉機」,瑞典甚至還生產了「電腦縫紉機」。市場不斷在改變,水準和技術都與日提升,但勝家公司卻永遠保持原狀,不求創新,如此慘遭淘汰當然不足爲怪了。

我們處在一個不斷變革的時代,科學技術在飛速發展,企業經營環境也在改變,應對這一切挑戰的秘訣就是創新。

CWL出版公司總裁約翰.伍茲有句名言:「富有創造性的人能夠比其他人更早地留意新的模式,開發新的方法、理論、產品或是服務。」

唯有不斷創新,勇於變革,才能適應詭譎的市場,贏得競爭勝利。

用改變創造第二個春天

任何一個企業要想在激烈競爭中長盛不衰，都必須用高品質的產品和服務，以及精益求精的態度，來贏得顧客的心。

一九〇八年春天，第一輛T型車誕生了，這象徵了「福特時代」的到來，爲此，福特汽車公司舉行了隆重的T型車發表會。而在會上，總裁福特大聲地說：「我可以保證，從這輛車上找不出一絲華而不實的地方，這是專門爲社會大眾所設計，讓人人都買得起的車。」

「福特先生，請問這款車的售價是多少？」一名記者問。

「不會超過八百五十美元。」

福特的回答立刻引起會場上一陣不小的騷動，因爲當時美國市場上一般汽車的價格，最低也得在一千三百美元以上，八百五十美元聽來根本讓人無法置信，更何況T型車還包含了許多獨門技術。

為了配合T型車上市，福特汽車公司展開了有史以來最強大的廣告攻勢——郵寄廣告、報刊廣告、標牌廣告、電話推銷等等。一九〇九年，T型車參加了橫跨美洲大陸的汽車大賽。此次比賽得從紐約一路開往西雅圖，路途遙遠，道路複雜，途經各種不利的地形。T型車經過艱苦拚搏，歷經二十天又五十二分鐘，終於以第一名的成績抵達終點，證明了這車款雖然結構簡單、價格低廉，但仍具有傲視其他車種的優良性能。

記者們紛紛給予T型車高度評價：

「這種車的每一個零件，都是為了適應山坡和泥土路而設計的，它可以像踩高蹺一樣，順利通過遍佈的亂石和滿地的泥濘。」

「T型車具有騾子的性格、獵犬的勇猛和駱駝的耐性，即使必須面對惡劣的環境，它也英勇無畏。」

廣大消費者都被這種性能優越、價格低廉、易於維護、用途廣泛的汽車迷住了，訂單如雪片般飛向福特汽車公司。短短一年時間，一萬輛T型車被搶購一空，公司營業額逼近千萬美元。毫無疑問，福特及其汽車公司獲得了巨大成功。

然而，也正是由於這種喜悅，使福特開始沾沾自喜，並且盲目樂觀起來，從而犯下一個錯誤——忽略了市場無時都在改變，而旗下的產品卻毫無進步，這種跟不上潮流的做法，注定了勢必要栽個大跟頭，且受到嚴厲懲罰。

進入二〇年代中期，形勢發生了變化，使得福特汽車生產的T型車市場需求量大幅下降，原本穩居汽車市場龍頭的王者地位，受到來自其他汽車公司的猛烈攻擊。

當時，正值美國汽車工業全面起飛的時期，各大廠牌紛紛推出色彩明亮鮮艷的汽車，以求滿足消費者求新求變的心態與不同需要，因而銷路大暢。唯有福特車款仍保持著黑色，顯得嚴肅呆板，業績自然大受影響。

但，無論面對的是代理商的抱怨，還是公司內部員工的建議，福特總是以一句話打了回票：「我看不出黑色有什麼不好，至少比其他顏色耐舊耐髒。」

處境日漸艱難，福特公司開始裁員，部分生產線停工，夜班全調成日班以節省電燈費，公司內外人心浮動，連福特夫人都無法再沉住氣，擔心不利的情勢與各種流言耳語會危及公司。

福特了解妻子的擔憂，信心十足地說：「公司的待遇向來高於同類型企業，相信不會生異心，同時大家都知道我是絕不服輸的人，不可能坐以待斃，此時不反擊，一定是另有計劃。」

新計劃確實正在進行，並且堪稱福特一生中最得意「傑作」之一——購買廢船拆卸之後煉鋼，從而大大降低鋼鐵的成本，爲即將推出的新車型奠定勝利的基礎。

一九二七年五月，福特突然宣佈生產T型車的工廠全部停工，這是公司成立二十四年來第一次停止新車出廠，消息一出，舉世震驚，猜測蜂起，除了幾個主管領導外，誰也摸不清他打什麼算盤。讓人奇怪的是，沒有工人因停工被解雇，大家每天仍然按時上下班。

一九二七年十月二十一日，福特公司的新一代汽車終於誕生了。福特將其命名爲A型車，意味著「重獲新生」。

新一代A型車不愧爲福特的得意之作。它除了擁有先進且舒適的配備，爲了滿足不同需求，還別出心裁的設計了十七種車體式樣和四種顏色，以便消費者根據自己的愛好而選擇。

在正式宣佈之前，福特公司成功研發新一代房車的消息，已經不脛而走，傳遍了整個底特律。爲了充分利用公衆的好奇心，創造更好的宣傳效果，福特公司對新車採取了嚴格的保密措施。經銷商一定要確保在正式展出之前不讓公衆得知任何一點情況，哪怕只是烤漆的顏色。

一九二七年十一月底，福特公司花費鉅資在全國各大報連續刊登了三天廣告，對A型車進行廣泛宣傳，這更助長了人們的好奇心。

到了年底，色彩華麗、典雅輕便而價格低廉的福特A型車，終於在人們長期的翹首等待中上市，果然盛況空前。

一九二八年，公司售出了六十三萬輛A型車，一九二九年則達到了一百二十五萬輛，占當年美國汽車銷售總量的三十四%。

過往開發T型車的成功經驗，早已確定了福特公司在美國汽車工業的地位。

這次面對各公司以色彩、外型爲武器發起的挑戰，福特並沒有直接硬碰硬，而是養精蓄銳，截長補短，抓住質量、價格這兩個關鍵作充分準備，一旦時機成熟，就徹底扭轉了局勢，帶領著福特公司第二度起飛，奪回寶座。

產品質量直接關係了企業的生命，任何一個企業要想在激烈競爭中長盛不衰，都必須重視產品的質量，用高品質的產品和服務，以及精益求精的態度，來征服市場，贏得顧客的心。

除了質量，外型設計能否做到美觀大方、高人一籌，同時掌握適宜的價格，也是競爭的一個重要關鍵。老福特正是抓住了以上幾點，使新的A型汽車殺出重圍，一舉獲得成功。這樣的見識與膽識，值得我們學習。

分享權益，換得員工的積極

公司若要想獲取最大利潤，必須提升全體職工的積極性，而將利益毫不吝惜地分享給每一份子，則是達到此一目標的最佳選擇。

脫離現在，就會被潮流淘汰

萬萬不可躺在前人的枕頭上做夢，即便對方曾經是萬能的神。現實一直在轉變，如果不迎頭趕上，終究會被潮流所淘汰。

華特·迪士尼的名字可說響譽世界，只可惜，隨著他於一九六六年與世長辭，一手創建的迪士尼公司也開始面臨發展困境。

轉眼二十年過去，儘管迪士尼公司始終推崇著創始人的形象，但過去激起的火花、靈感和富於創意冒險的精神，似乎都隨著華特·迪士尼的逝世而不復存在。不僅這段期間拍攝的電影不夠精采，票房收入逐漸下滑，一九七一年開放的加州迪士尼樂園雖然聲勢浩大，實際收益也遠不如預期。

一九八二年，利潤下降了十八%，隔年又下降了七%，情勢非常明顯，迪士尼公司開始走向下坡路。

正當情況極不樂觀的時候，救星麥克．艾森納出現了。麥克有著過人的創造與想像力、熱愛冒險的天性，以及非凡的洞察力，使他在三十四歲那年，就成爲足以在好萊塢呼風喚雨的傑出人物。任何一家瀕臨破產的電視或電影公司，都盼望能夠得到他拯救。一九八四年，四十二歲的他已經是好萊塢最大電影公司之一——派拉蒙的總裁。

一九八四年九月，麥克．艾森納成爲迪士尼公司的新任董事長。他清楚地認識到，要讓這家包袱與困境重重的老企業再上輝煌，自己需要更多的幫助。他一分鐘也沒有耽誤，立刻找來法蘭克．威爾士加入陣營。威爾士是一流的律師，因其天才般的商業洽談能力而聞名。兩個夥伴達成共識，麥克負責新創意的產生，熟悉商業運作的法蘭克則專門規劃料理財務，讓公司擁有足夠的財力、物力去實現這些創意。

迪士尼團隊的人都非常樂於接受這樣的雙人組合，因爲當華特．迪士尼在世時，就是由他本人集中負責創意，而哥哥羅伊管理公司的預算、開支與投資，兩人的完美合作直到一九六六年華特．迪士尼去世為止。現在，迪士尼的管理階層希望類似組合能再次奏效。

麥克在聘用人上也有一絕，他所挑選的人大多數是有了家庭的中年人。「我們這種以生產為家庭服務產品為主的企業，員工本身更應該注意參與家庭生活。」他是這樣解釋，並且身體力行——偶爾，他會逃離高層會議，與孩子們一起參加聚會，觀看或參與體育比賽。

來到迪士尼後不久，他就開始一連串大刀闊斧的改革行動。

在位於比佛利山莊的豪宅中，召開了一系列的周日晨會。這些會議被稱為「創意集中營」，麥克把自己和幾位部屬鎖在一個房間中達數小時之久，其間，大家必須針對公司的發展提出無數創意，而每個人都有權否決或質疑別人的建議。麥克盡一切可能鼓勵同仁們大膽說出自己的想法，即便是不太成熟的意見也沒有關係。

很快地，他發現最急迫的問題不在於此，經理和員工們已經把最好的想法都毫無保留地貢獻出來，但現有資金太過匱乏，使再好的理想都無法實現。

現實的、迫切的資金短缺促使麥克審視迪士尼龐大的舊影片儲藏，其中有諸如《白雪公主》和《灰姑娘》等經典動畫。他知道迪士尼的老規矩，每隔七年才在全國的電影院上映這些電影。他更知道，迪士尼的管理階層曾多次拒絕將它們製成錄影帶出售。

「如果人們買了錄影帶在家裡看，我們的電影就沒有市場了。」

他們總是以此為理由，一次又一次的否決，但麥克並不如此認為。「不，好的電影永遠有人再訪。」他清楚記得童年時把心愛的故事書讀了一遍又一遍的情形，更記得兒子對喜愛的電視節目沒完沒了重複觀賞的樣子。

對麥克來說，發現這些難得一見的經典電影，簡直就像找到了一大塊金子。他立刻下令將一兩部這類影片製成錄影帶，並在耶誕節前公開發售。大膽革新的結果，立刻為公司帶來數十億美元的收入，當即緩解了現金壓力，讓老牌的迪士尼公司浴火重生。

萬萬不可躺在前人的枕頭上做夢，即便對方曾經是萬能的神。

迪士尼公司一直活在過去的榮耀裡，卻忽略了現實一直在轉變，如果不迎頭趕上，無論曾經如何威風，終究會被潮流所淘汰。

好在他們清醒得不算太晚，而麥克·艾森納所帶來的，就是嶄新的破曉。

領導者是什麼？

不是管理，而是引導。就像一台發動機，能夠激發下屬的激情、創造力，讓個人自我價值的實現與企業目標走在同一條軌道上，從而締造雙贏。

「領導者也是希望的經營者。」這是法國皇帝拿破崙曾說過的一句話，值得每一位領導者深思。

分享權益，換得員工的積極

公司若要想獲取最大利潤，必須提升全體職工的積極性，而將利益毫不吝惜地分享給每一份子，則是達到此一目標的最佳選擇。

一九〇八年春天，亨利．福特推出了T型車，由於深受大眾歡迎，雪片般飛來的訂單使生產量與日俱增。

巨大心理壓力和身體的超負荷運作，對勞動力造成了嚴重的破壞，許多工人不堪忍受，紛紛辭職，使得勞資矛盾不斷激化。

一次，福特與兒子埃德塞爾一同巡視工廠，埃德塞爾發現許多的工人對他們父子倆側目而視，表情不是很友善，這讓他隱約感覺到不大對勁。

「父親，您瞧瞧大夥的神態……」

「怎麼了？」

「有點……好像……」

「說呀！怎麼回事？」

「父親，我覺得我們跟工人間的距離很遠，好像隔了一道鴻溝……」

「唔！」

福特猛然一驚，察覺到了問題的嚴重性。

「您是否不太接近他們？或者減少了原本的接觸？」

「是的。原來經常跟工人們交談，可是現在人數達到一萬五千以上，就很少跟每個人談話了……」

「爸爸，交談也是一種溝通。看來工人們負擔過重，有點不滿……」

「啊？爲什麼不滿？」

「不滿的原因，我想，可能出在蘇倫森先生身上。」

「怎麼說呢？」

「就我所知，他常常強迫工人加班，年復一年，大家都無法忍受，所以難免起怨言。」

福特頓時如夢初醒，深深點頭。「是啊！我倒是忽略了這一點。」

蘇倫森先生本身相當懂技術，且精力旺盛，福特很賞識他，但他卻太過傲慢，擅自令工人加班，引起基層的不滿。

「埃德塞爾，你通知一下吧！明天一早召開緊急廠務會議。」

在隔日的緊急會議上，福特一開頭便直接詢問蘇倫森：「現在，廠裡的工人日工資是多少？」

蘇倫森有些愕然，因爲這個問題福特一清二楚，何以明知故問呢？但不好說什麼，也只能誠實答道：「每人平均日工資兩美元。」

「現今公司獲利增長許多，我認爲工資需要提高。」

蘇倫森爲難地回答說：「兩美元的價碼，已經比『別克汽車公司』要高出二十%了。」

「我說需要提高！」

「那就……提高半美元吧！」

福特不滿地看著蘇倫森，果斷地說：「我要增加一倍。好，就這樣決定！從明天起，每人平均日工資漲爲五美元。」

這無疑是個驚人的數字，驚人的決定，讓與會的每個人都大吃一驚，因爲如此一來，相當於把全年利潤的一半都分配給了員工。

在勞資關係上，福特邁出了關鍵性的一步。

福特公司日薪調漲爲五美元的消息，像旋風一樣，從廠內颳到廠外，引起極大的震撼和衝擊。《紐約時報》、《華爾街經濟日報》等許多報紙，都以頭版頭條報導了這個消息，還站在不同角度發表了各式各樣評論，有貶有褒，其說不一。

然而，破紀錄的高薪並沒有變成負擔，反而成了高效率與福利的象徵。

一方面，高工資促使成千上萬的人前往應聘，記者們甚至如此形容：「福特公司引起了一場全國性的人口大遷移。」公司則從中挑選到了最優秀的人才。

另一方面，原有職工只有兩條路可以選擇——服從以換取誘人的五美元，或者被淘汰。

「掙五美元的工資，就要有五美元工資的紀律。」這是福特的口頭禪。一方面以高工資維持工人的積極性，一方面以嚴格紀律保障大批量流水生產的順利進行。儘管勞動強度很大，可是工人們仍然願意選擇這份工作。

日薪五美元使公司每年支出增加了一千多萬，但利潤成倍上漲，一九一四年獲利爲兩千萬美元，一九一六年則竄升至六千萬美元。

雖然公司獲得了成功，然而一位職工妻子寫給福特的信，卻再度大大震撼了他：「英明的福特先生，相信您應了解人絕非機器，不能光工作不休息。一天五美元的待遇雖然拜您所賜，但是如此沉重的作業，卻足以毀滅我的家庭，請您三思。」

這封信猶如當頭棒喝，給了他重重一擊。

那個禮拜天，在妻兒的相伴下，福特來到迪爾本教堂尋求幫助，希望建立更寬厚更人道的企業組織。

教堂司祭長對他這樣的決定相當崇敬，後來甚至辭去了教堂工作，加入了福特汽車公司，擔任新成立的福利部顧問，爲了解工人眞實生活，有效提高福利而展開工作。

福特十分注意其後職工們的反應，因爲那封信帶來太深的感觸，使他深深認識到關心照顧工人生活的重要性。他說：「工作應該是人生最大的享受，而非令人憎恨。獻身於事業的人，應該由事業上得到最大報酬。在結束了一天的工作後，我想大家更熱烈期待的，其實是家庭的溫馨。若能在物質和精神生活都獲得滿足，投入於工作的熱忱一定更高，這樣的改變，對國家社會乃至公司或個人，都可說百利而無一害。」

「物質生活提高後，接下來就是提高精神層面。我自認『福特汽車公司』應該是國家全體人民生活水準的代表，甚至是其他國家追求的目標。」

從企業經營的技巧來看，投資者急於追求眼前的利潤是不明智的，不僅可能減低員工的積極性，甚且影響到企業的形象和聲譽，以長期發展的角度來看，尤其不利。

公司若要想獲取最大利潤，保持長期高效的經營生產，則必須提升全體職工的工作積極性，凝聚他們的向心力，而將利益毫不吝惜地分享給每一份子，則是達到此一目標的最佳選擇。

員工是人，是一個企業發展壯大的關鍵，卻不是機器。在發現錯誤之後，福特能夠解剖自己，及時調整策略，注重員工的工資與生活品質，走出錯誤，重新增強企業的凝聚力和員工的積極性，使發展有了持續的強大後勁。這與那些不顧工人死活，短視近利，利慾薰心的人相比，無疑有天壤之別。

斥罵也是一種激勵的方法

聰明的領導者會盡可能從感情上激發部屬的信心，透過員工的自覺管理，代替制度死板強硬的約束。

有一次，以販售東方食品而聞名的美國食品大王、「重慶公司」創辦人鮑洛奇，準備興建一座新的加工廠，有人便向他介紹了一個地方，還特意提供了一份公關名單。

鮑洛奇立刻指派一名善於交際的部下對新廠址進行考查，並把這份公關名單交給了他，讓他與這些人打好關係，多聽聽不同的聲音與意見。

一段時間之後，鮑洛奇前去視察，發現那位部下確實與當地名流打好了融洽的關係，大家也異口同聲地表示願意提供幫助。然而，這位善於交際的負責人卻忽略了新廠的用水問題。他既不了解用水可能需要的費用多寡，也沒有搞清楚若自行鑽井取水的相關權利問題。在返程的飛機上，鮑洛奇直接對那位負責人表達了自己的不滿。

「可是，我對其他的問題都處理得非常妥善，不是嗎？」那人很不服氣。

「假設，你是這架飛機的駕駛員。」鮑洛奇一臉嚴肅地說道：「雖然你招來了很多顧客，但是卻忘了排除機械故障，最後的結果，就是大家一起掉到海裡去餵魚。」

說完他就轉身離開了，留下對方一個人發呆。飛機降落之後，那位負責人立即再搭機折返，徹底解決了用水的隱患。

還有一次，鑑於產品需求越來越大，鮑洛奇決定興建一座新的加工廠。他派了一批得力幹部負責新廠的建設，本人只在預定開工日的前三個禮拜，才乘飛機前去查看情況。

抵達目的地，已是晚上九點多鐘了，鮑洛奇直接前往新廠房預定地視察。到達廠址時，他驚訝地發現一切完全沒有上軌道。電路不通，只能靠著臨時裝上的電燈泡照明，昏黃燈光下，四周亂七八糟堆放了許多東西，顯得一片狼藉。而愛將們滿臉疲倦，強打精神擠出極不自然的笑。

默默地看著這些手下，從他們的臉色中，鮑洛奇不難察覺出工作的艱辛。然而他也清楚知道，新廠如果不能如期開工，將會使整個公司面臨更大的損失，陷入一片混亂。

「看看這裡的情形，簡直糟透了！別說三個禮拜，三個月之內能夠開工就不錯了。還有，你們一個個垂頭喪氣的，這是工作應有的樣子嗎？」

一番話說完，鮑洛奇當即拂袖而去，絲毫不理會愛將們的滿腹委屈。

當工廠按時開工後，一位當時在場的手下誠實地告訴鮑洛奇：「您當時的不通情理的確激怒了我們，所以我們決心好好表現，讓您刮目相看。不過，現在想想，工廠能如期開工，眞要多虧您那一番刺激，因爲它成功激發了好勝心，使我們創造奇蹟。」

商場征戰多年，鮑洛奇始終抱持同樣觀點——要想管理好一個企業，就必須完全摒棄個人情感。他只根據客觀績效評價一個員工，成績好，無論出力與否，他都加以表彰；成績欠佳，再努力也免不了挨一頓狂批。

對於這種完全不近人情的管理方式，許多人表示不能認同，有人甚至因此給他冠上了「暴君」的稱號，鮑洛奇卻仍舊我行我素。他認爲自己的管理方式恰恰好考慮到員工們的最根本要求，沒有必要改進。

每個進入「重慶公司」團隊的人，都希望能有機會發揮自己的本領，藉以拿到更高的薪水，因此，如果對大小疏忽都聽之任之，放任容忍，就會造成賞罰不明，使優秀員工得不到應有的榮譽，善於找藉口的人反而一路順遂。長此以往，員工的創造性和進取心將會受挫，眞正懷有抱負與能力的人才也會對此失望，這是鮑洛奇所絕對不能容忍的。

也許鮑洛奇是對的。他的斥罵管理術雖然不近人情，卻給公司帶來了效率，也在企業內部形成了一種直率、公平的良性競爭風氣。

人是一種非常奇妙的生物，好似有無窮的潛力，但又經常陷入情感的漩渦而不能自拔。一句熱情的鼓勵會令人信心百倍，相對的，強硬的命令容易使人心生不滿。

對此，如能採用激勵式的管理方法，往往能收到意想不到的效果。

每個人對自己都有期望，認為自身擁有別人所沒有的某項特長，同時也希望得到別人的肯定。當一個人有自信的時候，他會顯得很堅強，很有幹勁，積極嘗試用不同方法來表現自己，這時往往會收到「百尺竿頭，更進一步」的效果。相反，當一個人不斷聯想著失敗，他就可能垂頭喪氣，心灰意冷。

比起運用制度的強制力來達到目的，聰明的領導者會盡可能從感情上激發部屬的信心，透過員工的自覺管理，代替制度死板強硬的約束。

雖然稱讚的好話誰都愛聽，然而，斥罵若運用得當，也是一種有效的激勵。尤其在關鍵時刻，往往更能激起人的自尊和好勝心，「知恥而後勇」，完成一些原本極為艱鉅難行的任務。

獎勵需要對口，更需要細水長流

激勵是一門學問，但要「對口」，配合接受對象的身分與情況做調整，以求達到不同性質層次的要求與期待。

日本三得利公司的董事長信治郎，是一個非常懂得運用激勵的人。他的一些出人意料的獎勵，常常讓員工心花怒放。

有一次，總務股的某名辦事人員，把一份不小心寫錯了價格和數量的商品郵件寄出，信治郎知道後，馬上命令另一個員工前往郵局設法將它取回。

「我怎麼知道他投在哪一個郵筒呢？叫我做這種事，根本沒有道理嘛！」受命的員工小聲地發著牢騷，但礙於是董事長的要求，也只得無奈照辦。抵達郵局並花費不少唇舌時間後，總算及時取回郵件，交至董事長面前。

「辛苦了。」信治郎露出欣喜讚許的微笑，接著馬上拿出一份包裝講究的小禮物，犒賞那名員工。

信治郎不僅時常利用機會獎勵員工，方式也很特別。例如，有一回，他依序把幾名表現優異的員工叫進辦公室發獎金，就在員工答謝完並準備退出時，他忽地叫道：「稍等一下，這是給你母親的禮物。」

待對方要退出去時，又說：「這是給你太太的禮物。」

拿到了好幾份禮物，員工心裡無不感激涕零，正當這當下，又聽到董事長大喊：「哎呀！我忘了，還有一份給孩子的禮物。」

獎勵不能一次都發完嗎？

當然可以，而且省事，但效果絕對不一樣。

期望值不能太高。高了，遙不可及，要是真的達到，以後的慾望只會更高；而達不到，情緒就容易低落，不利於工作。降低期望值，稍有成績，及時鼓勵，「細水長流」，使得激勵不斷，將更容易讓人積極投入。

看看信治郎的經驗吧！他把一次激勵分成若干份，使得內容更豐富，形式也更活潑，每一次激勵之後，都讓人又有所期待，效果非常好。如此一來，哪怕某一回的獎勵少了，員工們也會在心裡這樣告訴自己：「沒關係，繼續努力吧！下次一定是我。」

激勵是一門學問，但要「對口」，配合接受對象的身分與情況做調整，以求滿足不同性質層次的要求與期待。

信治郎採用一套類似「小恩小惠」的法則，果然在廣大基層員工中收到效果，成功攏絡了人心，激發旗下成員的向心力。

別看輕了「小恩小惠」可以達到的影響。他的成功經驗，值得所有領導者套用於現實生活中，並引爲借鏡。

士氣高低掌控了企業的生命

在經營的危難時刻，在可能丟掉飯碗的歲月裡，是彼此良好的信賴與互動，滿足了物質和精神需求，並平安度過了難關。

二十世紀初期的日本，自行車是最普遍且重要的交通工具。西元一九二三年，「經營之神」松下幸之助所領導的松下電器，生產出一種創造性的產品——炮彈型自行車燈。這種燈性能好，耐用，經濟，能夠有效解決夜間騎車的不便與危險，於是成爲自行車的必備之物。

一九二四年九月，炮彈型車燈的每月生產量，已堂堂突破一萬大關。

然而到了一九二九年底，日本國內經濟混亂加劇，受世界性經濟大蕭條的影響，各行各業不斷出現破產的情況。即使是已具相當規模的松下電器製作所，也不能置身其外、倖免於全面性的打擊，電器產品的銷售量銳減了一半以上，庫房中堆滿了庫存商品，卻無法有效銷售。

局勢越來越艱難了，在這樣惡劣的環境下，各大小廠家不得不以裁員和減薪來應對。儘管相當著急，松下幸之助畢竟是松下幸之助，在危急時刻，他獨樹一幟的經營管理策略，再一次起了決定性作用——生產量減半，工廠開工時間縮短爲半天，但所有在職員工一個也不減薪、不解雇。另一方面，店鋪要加緊腳步，以出清所有存貨爲目標，全力推銷販賣。

爲什麼敢於做出如此驚人的決定呢？因爲松下幸之助相信，眼前種種困境只是暫時的，不可能永遠持續下去，如果爲此將辛勤工作的員工裁掉，對往後的企業形象與發展有害無益，可能造成的損失根本無法以金錢估算，同時也等於否定了自己一直以來的經營信念。

消息一傳到全體員工的耳裡，整個廠區頓時響起宛如打勝仗凱歸軍隊般的歡呼聲。單靠這種聲音所凝聚的力量，不過兩個月左右時間，松下電器便售出了所有存貨，渡過了原本可能危及存亡的大蕭條。

一九三二年，無論對松下幸之助本身，還是松下電器事業，都是成功的一年。公司設置了貿易部，建立海外據點，並相繼在各地擴充組織設施。同年十一月，拜日本天皇前來大阪所賜，松下電器所製做出產的收音機更是大大暢銷。創業不過十四年時間，松下電器便以驚人的成長速度，蛻變爲一個百人大企業公司。作爲產業界的一顆新星，其發展大受世人所矚目。

松下幸之助使所有人士氣高昂，不僅渡過了眼前的危機，而且增強了全體員工堅強的團結信念和一體感。在經營的危難時刻，在可能丟掉飯碗的歲月裡，是松下和員工之間彼此良好的信賴與互動，滿足了物質和精神需求，並使松下電器平安度過了難關。

「建立、支持、留住一個偉大團隊的最好辦法，就是鼓勵一種強而有力的公司文化，讓每個人都感覺自己是其中的一份子。」這是知名企業家克里斯·科瑪福特的經驗分享，與松下幸之助的故事相對照後，相信你必會有所啓發。

身體力行，接受賞罰批評

透過用戶的批評，公司可以發現所製造的產品存在哪些問題，並及時加以改正，從而提高產品的質量和競爭力。

日本「經營之神」松下幸之助對中國歷史十分感興趣，並透過研讀，從中吸取了大量寶貴經驗。其中，他對戰國時代大政治家商鞅採取的「有法必依，執法必嚴」，可謂推崇備至。

松下幸之助不僅勤於學習，而且善於把學到的知識應用於企業管理之中。

一九四六年，正是日本戰敗後最混亂、最艱苦的時日。松下幸之助認爲；「在這麼困苦的時期，我必須站在前面，帶領員工好好奮鬥。爲此，今年絕對不可以遲到。」

一月四日清早，松下幸之助走出家門，就跟往常一樣，先搭乘電車到梅田車站，然後轉搭公司的專車。但抵達梅田車站後，卻未見到公司的汽車，等了一陣子，仍是連影子都沒有。松下幸之助心想，一定是發生了什麼意外事件，否則不可能如此。

於是，他不再等了，轉身準備改搭市內電車前往公司，也就在這時，專車剛好駛到。可惜，即便搭上專車，他還是遲到了十分鐘左右。

松下幸之助當即詢問司機遲到的理由，發現並沒有什麼特別的原因，只是疏忽大意而已。爲此他十分生氣，於是決定將與此事有連帶關係的八名人員給予減薪處分，並在當天上午向全體員工宣佈。

司機因有直接責任，處以減薪，理所當然。可是爲什麼要處分其他人呢？道理其實很簡單，司機之所以會遲到，是由於上司未盡到督促責任所致，所以也要連帶受罰。依此類推，上下共有八個人受處分，最上一層即是社長，松下幸之助本人，他把自己當月的薪水全部奉還給公司。

賞罰分明，才能讓人信服，否則必使人心渙散。

松下幸之助曾說：「企業團體內部的規章紀律，一定要公平嚴格地維護。人事管理章程和作業守則等規定，不只適用於新進的小員工，連公司的社長、會長也必須嚴格遵守，秩序才能上軌道，員工的士氣也才能提高。領導者要依照事實得失，公平而嚴格地施予適當獎懲，才能建立起良好的制度，使公司的經營順利開展。」

遲到十分鐘，處罰八個人，包括自己。松下幸之助就是這樣身體力行，嚴格地執行公司的規章制度。

有一次，松下幸之助接到一位大學教授的來信，抱怨該校購買的松下產品發生故障。見信後，松下幸之助馬上請一位高階管理人員去處理此事。剛開始，對方顯得不太高興，但這位高階管理人員耐心地進行解釋，並做了適當處理，結果不但使顧客轉怒為喜，而且還善意地主動介紹其他銷售機會。

由此可以看出，以誠懇態度去面對批評意見，不僅能夠弭平抱怨，得到用戶歡心，並且更進一步使公司得到了新的機會。

虛心接受用戶的批評，企業從中可獲得兩大好處。首先，藉著認眞處理用戶意見的機會，可與其建立更深厚的關係，爲今後的往來打下基礎，因爲對方會認爲：「這家公司是値得信賴的，買他們的產品讓人放心。」

其次，透過批評，公司可以發現所製造的產品存在哪些問題，並及時加以改正，從而提高品質和競爭力。

正是基於以上原因，松下幸之助深有感觸地說：「人人都喜歡讚美的話，可是顧客光說好聽的話，一味地縱容，絕對會使我們懈怠。沒有挑剔的顧客，哪有精良的產品？所以要保持著虛心求教的態度，這樣才不會喪失進步的機會。要知道，顧客的抱怨，正是我們反敗為勝的良機。我們常常在誠懇地處理抱怨過程中，與顧客建立了更深一層的關係，因而意外地得到了新的生意。對於這一點，我實在是非常地感謝。」

認眞處理來自任何地方的批評意見，這正是「經營之神」松下幸之助又一過人之處。

前英國首相邱吉爾曾說：「我並不厭惡別人的批評，我甚至認為它是現實生活的一部份。」

老牌出版社Doycroft的創始人埃爾伯特．哈伯德也表示：「要想避免批評，除非你什麼都不做、什麼都不說、什麼都不是。」

讚美雖好，卻可能讓人被現有的成果所侷限，在飄飄然中迷失了自我，喪失更上一層樓的魄力與努力。

所以，面對外界給予的批評，反而應抱持著感激的心，因爲多虧了這些帶刺的尖利言語，才能讓我們看清現實，找出自己的弱點不足所在，從而精益求精，比昨天更進一步。

3

退一步，得到的不只海闊天空

俗話說得好：「退一步海闊天空。」這不僅僅是為人處世的道理，在詭譎險惡的商場，也有其可供參考應用之處。

做大市場這塊蛋糕

當整個市場需求擴大時，受益最多的當然是處於領先地位的企業。因此，如何做大這塊蛋糕，是必須費心去鑽研開拓的議題。

美國施樂公司是一家經營資訊處理、複製技術和辦公室自動化系統的跨國公司，排名世界前五百大企業之內。

在對市場進行分析之後，施樂公司決心進軍影印機市場，將重點集中於高速度、大容量的影印機。

這也理所當然地決定了施樂公司的客戶主要是大公司，並以出租策略代替出售自己的機器。

公司用十四年時間開發出了一種靜電影印機，並於一九五九年投入市場，當時它的功能強大到甚至可與印鈔機相提並論。直到一九七三年此型號退出市場爲止，一直居於最暢銷產品榜首。

施樂公司的戰略是如此成功，以致於強有力的競爭者——包括ＩＢＭ、柯達等數家公司，都採取與之相同或者相近的戰略來進入市場。然而在這一波前仆後繼的跟風之下，日本佳能公司卻準備換個方法來玩遊戲。

在二十世紀六〇年代早期，佳能公司決定從照相機業務中拓展觸角，進入影印機領域。

它根據最終使用者來細分市場，並決定以小型及中型公司爲服務對象，並且也爲個人消費者製造個人電腦影印機。同時，佳能公司決定透過它的零售商網點來出售機器，取代以往的出租模式。

施樂公司強調的是機器的速度，而佳能公司則根據自身的不同特點，將品質與價格作爲重點。因此，ＩＢＭ與柯達遭到了失敗，佳能公司卻一舉成功，成爲市場又一領軍人物。

探究佳能公司的成功，背後其實有很多原因，但正如二十年前施樂公司所做到的，佳能公司同樣爲自己制定了一個與衆不同的戰略定位——與對手截然不同的定位。

施樂將大公司作爲自己的客戶，而佳能則以小公司和個體消費者作爲自己的主要服務對象；施樂強調產品的速度，而佳能則把質量與價格作爲重點；施樂直接出租自己的機器，佳能公司則利用零售商網路來出售影印機。

佳能並未打算在施樂早已佔有優勢的領域打敗它，而是透過建立自己獨特的戰略定位來獲得成功。

佳能公司和施樂公司之所以同樣獲得成功，在於它們在行業中選擇了一個獨一無二、明確無誤的戰略定位，有助於定義並找出公司特定的客群，從而設計規劃適宜的產品與公司舉措。在擴大市場的同時，創造新的空間。

商場競爭愈演愈烈，競爭戰略的選擇對一個公司的發展至關重要，它既可能帶來領先群雄的榮耀，也可能造成落後不甘的發展窘境，非但「大意失荊州」，甚至使成功「一去不復返」。

企業銷售獲利的高低，與整體市場的規模有密切聯繫，當整個市場需求擴大時，受益最多的當然是處於領先地位的企業。因此，如何做大市場這塊蛋糕，是每一個企業都必須費心去鑽研開拓的議題。

那麼，怎樣有效地擴大市場需求呢？

它可以倚賴的途徑很多，例如爲產品尋找新用戶、新用途，或促使現有用戶增加使用量，消費得更多、更頻繁。

只要投入心力，並從正確的角度出發，商場隨時都有無限可能。

手續少一點，離客戶更近一點

當大家都採用同一種方式銷售產品時，若有企業能採用獨特的、與眾不同的銷售方式，往往可以突破舊有格局，開拓新領域。

美國戴爾公司是年營業額達數百億美元的企業巨人，服務客戶大多數為中型以上知名企業，包括ＩＢＭ、惠普、康柏等等。據國際資料公司統計，戴爾的電腦伺服器在美國市場的佔有率高達二十％，而國際市場開發成長的速度，更是只能用「驚人」來形容。

戴爾取得成功的秘訣，就是採用直銷模式，使產品和服務比其他公司更貼近客戶。用邁克．戴爾自己的話來解釋，就是「大幅度降低產品的銷售成本，更加貼近我們的顧客」。

為此，戴爾每週至少都要花一天時間與客戶接觸，包括走訪各大城市和出席高級經理人員的銷售報告會。對於戴爾公司來說，與顧客接觸不僅是為了促進企業發展，同時也是為了獲取有利資訊。

最開始，戴爾用賣報紙所存下的錢，買了一個硬碟驅動器，架設一個簡單的BBS站，與其他對電腦有興趣的人交換訊息。逐漸對行情了解之後，他發現電腦的銷售和利潤，沒有固定規律可循。當時，一部IBM個人電腦在商店的售價，約為三千美元左右，但其實若懂得自己組裝，很可能只需花上六、七百美元就能擁有。

經營電腦零售生意的店主，以前大部分賣過音響或汽車，只因覺得電腦是下一個可以大撈一筆的領域，所以紛紛轉向投入。光是休士頓地區就突然冒出上百家店，這些經銷商以兩千美元買進一部電腦，然後轉以三千美元的價格賣出，一來一往，便淨賺了上千美元。

他們只提供顧客極少的服務，有些甚至連售後服務都沒有，但因為太多人想要買電腦，所以這些商家還是大賺了一筆。

戴爾開始購買一些和ＩＢＭ相同等級的零件，把自己擁有的電腦升級之後再轉賣給別人。他認爲，如果銷售量再增加一些，就可以和那些電腦零售店競爭，而且不只能做到價格上的競爭，更將從品質上打敗對手。他意識到做電腦生意的前景很好，獲利也高，只要憑藉直銷模式，給予顧客較低的價錢與更高的附加價值，提供更完善的服務，絕對能取得成功。

貼近客戶的最好辦法，就是把電腦直接銷售到消費者手上。「消除中間經手人，以更好的服務、更有效率的方式來提供電腦」，就是戴爾營銷觀點的核心。

一九八八年，戴爾公司的股票公開上市發行，直銷正式發起行動。戴爾的整個設計、製造、銷售過程緊緊圍繞著顧客，眞誠聆聽顧客的意見，確實根據問題改進自己的商品，並以顧客的需求作爲企業宗旨。

他們所建立的直銷業務從電話拜訪開始，然後是面對面的交流，現在則可以透過互聯網進行。

這些做法能夠及時地得到回饋，全盤知悉並了解顧客對於產品本身、售後服務和其他方面的建議，並知道他們希望公司開發什麼樣的新產品。

當大家都採用同一種方式銷售產品時，競爭必然白熱化，此時若有企業能採用獨特的、與眾不同的銷售方式，往往可以突破舊有的格局，擴大市場，開拓新領域。戴爾採取的直銷方式，可以更貼近客戶的心，也因為省卻了繁雜的過程，大大降低了售價，卻又不損及應得利潤。雙贏的情況下，企業的前景當然是一片大好。

客戶對企業究竟有多重要？

以下兩位傑出的企業經理人給了相當有建設性的答案。

日本作家兼商業公司顧問正昭今井說：「公司在管理上的所有努力可歸結為四個字，客戶滿意。」

曾任美國杜邦公司總裁的克勞福德．格林沃爾特則說：「一個公司的規模取決於客戶，且僅僅取決於客戶。」

以靜制動，替代莽撞行動

想在競爭中成為贏家，智取比力攻更為重要。避敵於銳不可當之時，以靜制動，然後乘其懈怠，坐收其利，一舉擊破。

安氏公司和吉遠公司，是香港兩家著名的房地產開發公司。兩家本爲一體。吉遠公司的老闆陸吉遠精通房地產業，在銀行的支持下，從安氏公司獨立出來，並搶走了安氏的一些生意。因此，彼此關係一度很緊張。

安氏公司視吉遠公司爲「叛逆」，一直想以雄厚的實力和豐富的經驗打垮對方，但吉遠公司的老闆陸吉遠在房地產業早已是老手，經營有方，加上銀行的支持，非但沒有被擊垮，反而一天天壯大。

安氏公司儘管暫時失利，可公司老闆安邦並沒有灰心。他集中精力經營著內外事務，等待時機東山再起。

中國實行改革開放後，安邦憑著敏銳的商業意識，覺得這是擴展安氏公司規模的大好機會，於是赴大陸考察，很快就攬下了幾個大生意。然而，就在安氏公司準備一展身手時，發生了意料外的變化。

安邦準備與大陸客戶簽下合同的前一天，電視新聞中播出了一則消息：「建築業新霸主陸吉遠，爲求迅速發展，將於近期展開攻勢，收購其『老家』安氏公司。陸先生表示，他已調集足夠資金，準備從明天起大規模收購安氏公司股票。社會上零散的安氏股票很多，如果收購順利，不愁做不了『安氏』的最大股東。金融界認爲，此舉定會引起股市的波動。」

安邦聽完這條新聞報導後，大吃一驚，心想吉遠公司這幾年發展迅速，又有銀行的支持，如果這次收購成功，自己大半生的辛勞豈不盡付東流？不行，不能讓他得手。他想收購，我就來個反收購！

但是，當安邦把吉遠公司的全部資料找來，從頭到尾詳細地看完一遍後，心中頓起疑竇。資料清楚顯示出，吉遠公司尚不具備收購安氏公司的實力。再說，既然想收購安氏公司的股票，又怎麼會把消息透露給專愛興風作浪的媒體知道呢？其中必定有詐。

想到這裡，安邦已經猜到了八、九分，「醉翁之意不在酒」，之所以放出風聲，只是想藉此破壞安氏在大陸的投資計劃。想到這裡，安邦找來親信助手，不慌不忙交待好了對策，就前往大陸簽訂合同了。

新聞播出後，第二天股市一開盤，吉遠公司果然開始大量收購安氏公司的股票，安氏股票價格直線上升，持股人爭相拋售，收購工作做得非常順利。下午，安氏公司出面回收股票，但只持續一下子就停止了。

第三天早上，吉遠公司照舊大規模收購，有多少收多少，安氏公司卻沒有再露面。新聞媒體紛紛報導：「吉遠公司攻勢凌厲，安氏公司無招架之力，不敢應戰，『安氏』可望易姓。」

又一天過去了，安氏公司的股票持續大幅度上升，吉遠公司開始有些招架不住，宣佈停止收購。

當天晚報刊出一則爆炸性的消息：「『安氏』老闆在內地簽訂大宗工程合

同，『安氏』公司安然無恙。」

到了第四天，安氏股票價格大幅度下跌，安氏公司開始低價回收股票。吉遠公司的收購陰謀不攻自破了。

原來，當吉遠公司第一天開始大規模收購股票時，安邦的助手也在股市秘密拋售了部分股票，下午再故作姿態回收少量，造成「無力反收購」的假象，刺激股價持續上升。

吉遠公司原本就無心收購安氏公司的股票，只是想激怒對方進行反收購，藉此破壞即將展開的簽約計劃。誰知安邦並沒有上鉤，吉遠公司自討沒趣，又沒有足夠資本繼續高價收購，只好匆忙煞車。

吉遠公司高價購進股票，賠了一大筆錢，而安氏公司利用這段時間，談成了好幾筆大生意。回港後，趁著股價下跌，大規模低價購回了自己公司的股票，不但度過危機，還賺了一大筆。

安氏公司在這場收購戰中，採取了以靜制動的戰略，等到吉遠公司筋疲力盡撤退後，乘機大舉反攻，不但未損自己一根毫毛，而且獲利頗厚，同時還重重地打擊了吉遠公司，可謂「一箭三鵰」。倘若安氏公司輕信吉遠公司放出的謠言，立即進行反收購，那麼不僅會失去進軍大陸市場的大好機會，還會損失一大筆寶貴的資金。

透過這個故事，你能從中領悟到什麼？

商戰是異常激烈的，市場是千變萬化的，先萬不可只被表面的假象欺騙、圍困。要想在競爭中成爲贏家，智取比力攻更爲重要。

冷靜分析當前形勢，避敵於銳不可當之時，以靜制動，然後乘其懈怠，坐收其利，一舉將其擊破，必能不戰而退敵千里。

退一步，得到的不只海闊天空

俗話說得好：「退一步海闊天空。」這不僅僅是為人處世的道理，在詭譎險惡的商場，也有其可供參考應用之處。

在戰場上，有時如果能恰當地以退爲進，做適當的讓步，反而可以掌握戰爭的主動權，取得全面性的勝利。

商場有如戰場。當兩家勢均力敵的同行展開競爭，若是誰也不讓誰，最終的結果，免不了兩敗俱傷。

相較之下，在權衡利弊的基礎上，明智的一方若願意主動讓步，有時反而更能取得意想不到的效果。

這是常人所無法理解，只有在經營上具有獨到眼光的天才，才可能做出如此決定。當然，這種選擇絕不是盲目屈服，而是在透徹分析了所有可行性之後，意識到做出讓步，受益的絕對是自己，才下決定。

卡內基就屬於這一類的天才。

一八九八年，繼克利夫蘭總統之後，美國第二十五任總統麥金利，趁當時還是西班牙屬地的古巴發生動亂之際，以緬因號戰艦在哈瓦那灣爆炸爲導火線，發動了美西戰爭。

而在一九〇〇年，一場沒有煙硝的戰爭正在「華爾街大佬」摩根和「鋼鐵大王」卡內基之間進行。戰爭在卡內基的先勝利、後退讓下告終。

美西戰爭，因爲攸關於鐵路、軍火，連帶使得匹茲堡的鋼鐵需求量高漲。美西戰爭獲得全面性勝利，也使美國的國際聲望日隆，因此，摩根向卡內基發動的鋼鐵戰爭，更具有歷史意義。

控制全美鐵路的「華爾街大佬」摩根，此時直接把作戰目標指向了鋼鐵，而這只是他在一個偶然的機會注意到的。

既然意識到了鋼鐵業的前途無量，華爾街大佬自然不可能輕易放過任何一次機會，更何況輝煌未來就在不遠的前方。

其實，早在鋼鐵需求大幅度增加的美西戰爭爆發前，摩根就已經將觸角伸向了鋼鐵。首先，他以安插高級幹部作爲融資條件，將自己的部屬送入伊利鋼鐵及明尼蘇達鋼鐵，從而控制了這兩家公司的實權。

但是，這兩家公司與卡內基的鋼鐵公司相比，只不過算是中小企業而已，摩根並不滿足。而現在，由於戰爭導致了鋼鐵價格的上漲，摩根的興趣與野心就更濃厚了。

於是，摩根決定向卡內基發起進攻。先合併了美國中西部一系列中小鋼鐵公司，成立了聯邦鋼鐵公司，同時拉攏其他大公司加入其陣營。

之後，聯邦鋼鐵公司關係企業及摩根所屬的所有鐵路，一起取消對卡內基鋼鐵企業的訂貨。

但是，卡內基方面卻沒有任何反應。對一個玩股票起家的人，冷靜是最佳的處事之道。股市風雲變化之劇烈，甚至在一分鐘內就有上百種甚至上千種可能，如果遇事不能保持冷靜的頭腦，勢必會手忙腳亂，導致失敗。

卡內基一副胸有成竹的模樣，對一切冷靜處之，什麼也沒說，甚至連身邊的心腹都不清楚他究竟在盤算什麼。

「什麼時候我需要市場，市場就是我的。」卡內基很清楚自己的鋼鐵業在美國的重要性，如果市場沒有了卡內基鋼鐵公司的支援，勢必會造成許多相關企業的損失。

所以，面對摩根的進攻，他相信自己的實力，一點都不感到惶恐。

事實擺在眼前，戰爭如果照這樣進行下去，損失的將不是卡內基，而是那些不向卡內基鋼鐵公司進貨的企業。

摩根明顯在這件事上栽了跟頭。當然「華爾街大佬」也非等閒之輩，他馬上就發現了事情的不妙，很快轉變方式，採取第二個步驟。

「美國的鋼鐵業必須整合，是否合併貝斯列赫姆鋼鐵企業，我還在考慮中，但合併卡內基鋼鐵公司，則有絕對必要。」

除此，他甚至還出語威脅：「如果卡內基拒絕，我就找貝斯列赫姆。」

別的挑戰都不可怕，可一旦摩根和貝斯列赫姆聯合起來，勢必對自己不利。卡內基清楚地認識到這一點。

在分析形勢，估計發展並權衡利弊之後，卡內基終於做出如下決定：

「告訴摩根，大合併相當有趣，不妨參加。參加條件嘛！我要大合併後的新公司債，不要股票。至於新公司的公司債方面，對卡內基鋼鐵資產的時價額，是一元對一元五角。」

這就是說股票要以時價賣掉，不要合併後的聯邦鋼鐵公司股票，而要具有黃金保障的公司債，並且要以一比一．五的比率兌換。

對於卡內基來說，這是很佔便宜的交易，可是摩根能接受嗎？

在確認了接到的訊息出自卡內基的親筆之後，摩根沉默了片刻，然後說：「我接受。」一句話，就答應了卡內基。

摩根究竟是騎虎難下，還是自以為日後能取得很高的利潤，誰也不知道。

商談達成了協定，卡內基的鋼鐵事業歸了摩根。按照合約，價額以大合併後新組建的聯邦鋼鐵公司的公司債還清。從華爾街的檔案記錄中可以知道，卡內基因此擁有了三．五億至四億美元的資產，超過了美國當時的國防預算。一時間，匹茲堡成爲了淘金地。

卡內基看到摩根的弱點，同時抓住摩根的心理，並根據鋼鐵業的發展趨勢，以一比一．五的比率，兌換了卡內基鋼鐵公司資產的時價額，使自身擁有的資產一下飛躍到近四億美元，向上翻了兩翻。

卡內基再一次取得了成功，這與其超人的膽識有絕對關係。

在商界，併吞的出現不足爲怪，但像卡內基這樣以退爲進，表面看似讓步，實則大勝且取得又一次飛躍的成功案例，卻是寥寥無幾。

當時的摩根是個呼風喚雨的金融鉅子，無論從各方面條件來看，卡內基都是遠遠不及，但這樣就眞的沒有勝算，只能坐以待斃嗎？

正如中國古語所言，初生之犢不怕虎。果然，他看到了「老虎」摩根的弱點，同時抓住摩根身爲老大的心理，並根據鋼鐵業的發展前景，提出令人咋舌的條件——合併可以，拿出一比一．五的優厚兌換比率。看似退步，失去了自己的企業主導權，實則爲進攻，大大豐厚了本身的實力。

所有一切，都是懂得適時退步換來的成果。

「退一步海闊天空」，這不僅僅是爲人處世的道理，在詭譎險惡的商場，也有其可供參考應用之處。

「成功意味著永遠都不要讓競爭牽著你的鼻子走。相反，你必須認清自己所看重的東西，並以此找出自己的位置。」這一句話所傳達的道理，更值得我們揣摩、體會。

降價是殺出重圍的最快方法

在現代企業管理與商業經營中，降價仍然是經常被使用的一種戰術，運用得當，時機適宜，往往能出奇制勝。

一八七〇年，岩崎彌太郎從土佐藩借到三艘船，創立了九十九商會。雖然經營過海上運輸業務，但九十九商會並沒有全面、系統經營船舶公司的經驗，一切必須從零開始。

儘管如此，岩崎彌太郎率領著手下幾名大將日夜努力，很快將運作帶上了軌道，並在不久後，更名為「三川商會」。

三川商會成立之初，一共擁有三艘船，負責東京、大阪、神戶等地的往返運輸，業務規模很小，也沒有太大的利潤。這一時期經營海上運輸業務的，還有薩摩藩的「薩摩屋」，紀州藩的「紀州汽船」等，它們與土佐藩的三川商會互相爭搶旅客，競爭越演越烈。

面對此種情況，三川商會的下級部屬紛紛亂了手腳，認爲自已不可能獲勝，主張取消神戶到東京的航線，避開競爭對手。部下這種不敢冒險、縮頭縮尾的思想，反而更堅定了岩崎彌太郎不肯善罷干休的決心。

一八七〇年底，日本只擁有二十五艘西洋蒸汽船，總噸位不過在一．五萬噸左右。而全國各地所繳納的年貢米，都需要運送到東京或大阪。當時陸路運輸尚不發達，既缺乏橋樑，也缺少車輛，絕大部分都必須依靠海運。

海運自然需要船隻，可是日本蒸汽船數量相當少，於是世界各國的船舶公司紛紛瞄準這塊市場，一股腦兒湧進了日本，爭相承攬海上運輸業務。其中較著名的有美國的「太平洋郵便蒸汽船公司」、「毛斯商會」和「日本貿易商會」、英國的「西隆商會」等等。

看到這種局面，明治政府敏感地意識到，如果聽任外國公司承攬本地的海上運輸業務，等於拱手將海上交通要道的管理掌控權，送進外國人手中，後果不堪設想。於是修訂了當時的海運政策，成立了一家以「三井」企業爲最大股東、半官方半民營的「郵便蒸汽船公司」，並調撥十三艘船，開闢東京到大阪之間的定期航線。

這對岩崎彌太郎構成了極大威脅，形勢頓時變得嚴峻起來。以往競爭對手雖多，但都是由各藩援助而設立的船舶公司，彼此之間條件相差不大，經營管理者的出身與方法也大致相同，然而，郵便蒸汽船公司是明治新政府以及最大豪商三井所共同設立，情形可就大不一樣了。

面對著這樣龐大的對手，唯有狠下心來，全力背水一戰，方可能有一線微弱的獲勝希望。

岩崎彌太郎命令部下川田小一郎收集對手所有資料，認眞加以分析研究，做到知己知彼。經過一番調查後了解，搭乘郵便蒸汽船公司的航班，從東京到大阪，包括餐費在內，每人需花費九兩，而仗著政府做後盾，職員的服務態度極爲傲慢、粗暴，對顧客非常無禮。

爲了更深入了解情況，岩崎彌太郎還曾親自搭乘郵便蒸汽船公司的船隻，從大阪前往東京做實地考察。在船上，他親身體驗了該船的服務態度——接待外國乘客時，服務員滿臉堆笑，畢恭畢敬，不時地跑前跑後侍候，而對本國同胞卻冷淡蔑視，不屑一顧。

岩崎彌太郎高聲叫了幾次，可服務員卻像沒聽見一樣，他頓時感到火冒三丈，氣勢洶洶地找到了船上的事務員，斥責抱怨一番。

由於服務態度惡劣，郵便蒸汽船公司才開業經營一年，就背負了十二萬元的巨額赤字。爲了扭轉局面，一八七一年四月，明治新政府把郵便蒸汽船公司完全交給三井大阪分社，由吹田四郎兵衛負責經營。吹田四郎兵衛重新整頓了公司，進行大換血與改組，同年八月，在主要股東如三井鴻池、小野、島田等豪商的支持下，改名爲「日本國郵便蒸汽船公司」。

這就是日本最早一家正規的船舶公司，不但可以從明治政府那裡無償獲得資金援助，並且各地送往中央的年貢米，也都委託其運輸。它以老大的態度自居，傲視一切，一般弱小的民間公司，根本無力與之抗衡。

看似以卵擊石、毫無勝算，可是生性好鬥的岩崎彌太郎偏偏不肯服輸：

「好！咱們不妨當一當擊石頭的雞蛋吧！」

儘管嘴上強硬，但他內心深處還是充滿了憂慮，對能否勝利，並沒有絕對信心。爲此，在一八七三年三月，岩崎彌太郎召開了會議，當著所有員工的面，提出創業誓言：「各位，從今天起，三川商會改名爲三菱商會。以往，商會的財產是土佐藩的藩產，如今，全部都已由土佐藩轉售給我。目前總資產計有汽船六艘，曳船兩艘，庫船、帆船、腳船各一艘，屬我岩崎彌太郎個人所有。我已經下定決心，自此與官方斷絕關係，再不涉足政界，全心全意從事海運業，做一輩子商人。」

最後，他昭示了這樣的決心：「裁汰冗員，節省冗費，拮据自勉，以穩固本公司的基礎，在不可勝的條件下求勝，如此才上不負政府對公司之保護，下不失旁人對我之信任。希望諸位能與我共勉，各盡本份，內省無愧才可。」其中「在不可勝的條件下求勝」，恰如《孫子兵法》中的「先爲不可勝」。

岩崎彌太郎有著清醒的經營頭腦，看得見自身劣勢和競爭對手的優勢，講究在精神上，實力上、管理方法上都做到有所準備，首先自保，使公司不致面臨破產這般令人不愉快的結局。

在此前提下，先將自己、部下乃至整個企業置於無退路的「死地」，以激勵全體同仁拚命工作，闖出一條血路，求得生存和發展。據此，後來有人認爲，岩崎彌太郎是將《孫子兵法》運用在商業經營中的第一人。

在與日本國郵便蒸汽船公司的競爭中，岩崎彌太郎採用了許多巧妙的辦法。那時，他的力量薄弱到連自己都不相信能擊敗對手的程度，於是乾脆逆向操作，帶著公司的主要負責人乘船出海，實地感受對手的強大。

又有一次，在出海途中，巧遇郵便蒸汽船公司的「廣島號」。「廣島號」其實只是條不起眼的老式汽船，但仍比三菱的船要好上許多。岩崎彌太郎便故意喟然長歎，感慨自己竟連這樣的船也沒有，立刻激得同船負責人們紛紛發誓，非要拚死競爭以勝過對手不可。

岩崎彌太郎下了決心，石川土財、川田小一郎等得力部屬，也都全心全意效忠於同樣目標。可是，由於實力相差過於懸殊，赤字幾乎直線上升。三菱商會的幹將近藤廉平經營吉崗銅礦所賺的錢，幾乎全都用來塡補三菱汽船這個越來越大的無底洞。

每當汽船啓航，望著在海風中飄揚的三菱旗，岩崎彌太郎心中非但沒有一點興奮，反而感到痛楚不堪。因爲每一回出航，就代表又損失了好幾百兩。

爲了在競爭中取得勝利，針對日本國郵便蒸汽船公司服務欠佳等問題，三菱不只將船票價格降低一半，在服務上，更採取「親切第一主義」，要求所有員工必須面帶笑容，對旅客鞠躬敬禮，同時將「歡迎光臨」、「謝謝惠顧」等問候掛在嘴邊。

此外，夏季天氣炎熱時，還免費贈送團扇和冰水等等。

然而，日本國郵便蒸汽船公司的主要股東是最具實力的、大名鼎鼎的三井企業，並且還有明治新政府撐腰，根本不把三菱放在眼裡。三井見三菱採取各種招數拉攏顧客，豈能善罷干休？三菱把票價降低一半，三井就更進一步，把票價降至原來的三分之一。

三菱商會的財力原就無法與三井相提並論，不但得向外借錢，還要支付利息，長期下去，絕對承受不住。岩崎彌太郎的部下憂心忡忡，紛紛報怨降價是不明智的舉動。

但到了這種地步，已無退路，只能抱著「寧爲玉碎，不爲瓦全」的想法，與對方周旋到底。他心一橫，再進一步降低票價，神戶到大阪的船票，原本是一枚銀幣，破天荒降到只要一枚天保錢而已。

就在三菱商會奄奄一息的時候，明治政府提出一項對岩崎彌太郎極爲有利的政策，即改變了德川幕府兩百年以來繳納年貢米的政策，規定以後各地百姓無需繳納年貢米，只要交納稅金即可。

運送年貢米一直是日本國郵便蒸汽船公司的主要業務之一，這樣一來，等同抽掉了公司的脊樑，就像洩了氣的皮球一樣，往日威風蕩然無存。不僅如此，當時公款是由三井、小野、島田等幾家豪商控制著，明治政府擔心有侵呑公款的可能，於是採取對策，要求他們提供與公款存款額等額的擔保，等於間接切斷其生計來源，使小野與島田立即陷入破產境地。

日本國郵便蒸汽船公司過往總計向政府借了四十萬日元，也被突然地下令全部歸還。這項政策，對日本國郵便蒸汽船公司來說，無異滅頂之災，頓時使它陷入了極大的財源困境。

形勢開始變得對三菱越來越有利，它在競爭中逐漸由守轉攻，特別是當岩崎彌太郎獲知對方面臨財務困難的消息後，立即指派下屬到東京幾家大型貨物運輸公司展開交涉，把原本交由對手運輸的貨物，統統搶了過來。

這一場你死我活的較量，最終在三菱的勝利中結束。

在現代企業管理與商業經營中，降價仍然是經常被使用的一種戰術，運用得當，時機適宜，往往能出奇制勝。對於那些已經具有一定規模效益的企業來說，降價也不失爲上上之策。

打價格戰，至少有以下幾點好處：

第一、迅速地佔領市場，抓住消費者的心。

第二、將弱小企業擠出市場，掃除障礙，減少對手，實現壟斷。

第三、快速地獲得現金流通，緩解可能面臨的競爭壓力。

第四、擴大企業的知名度。

價格戰是引起話題的有效手段，可以在很短的時間內吸引消費者的注意力，給對手一記重擊。

降價的好處儘管很多，但畢竟不是萬靈丹，應注意下列幾點：

第一、時間要抓緊，在市場疲軟的時候放出冷箭。

第二、一定要搶得先機，捷足先登，比別人更快行動，掌握主動優勢。

第三、降價應在經濟效益允許下，經過詳細規劃，萬萬不可做賠本生意。

唯有如此，才能讓攻勢發揮強大威力，達到效果。

適時捨棄拖累的舊包袱

在邁向成功的過程中，必須做出抉擇，並捨棄無法達到助益的包袱，直到實現由量到質的突破。

一九九一年十二月，約瑪．奧利拉被諾基亞（NOKIA）董事會任命爲新的總裁，這個決定令他大吃一驚。「我毫無準備，而且也並不覬覦這個職位，但我還是知道自己該做些什麼。」

諾基亞的員工對這個新總裁不抱太高期望，奧利拉自己也顯出有些缺乏信心的模樣，不過在他的努力下，諾基亞的業績逐漸開始提高。

一九九二年最後一季的資料已顯示出效益的增長，邁入一九九三年，諾基亞明顯擺脫了危機陰影走向光明。隨著收益曲線的上升，奧利拉的信任度也以同樣的速度增長。他有了自信，更辛勤地穿梭於世界各地的諾基亞據點。

奧利拉上任後的所作所爲，最讓人無法理解的就是「變賣」家產，這一點讓許多「老一輩的諾基亞人」感到憂慮與心疼。

對於人們的誤解，他堅定的表示，把其他部門賣掉，就是爲了保證移動網路和行動電話業務的持續發展。

所有芬蘭人一致同意，約瑪·奧利拉當時堅定而快速地轉向電信業發展，並規劃以及出售諾基亞其他部門的決定，無疑展現了天才般的遠見與創意。因爲有了奧利拉，一切理想都變得更加可能。畢竟奧利拉是在諾基亞行動電話部門擔任多年主管，身經百戰後，才成爲公司總裁的，他擁有非同常人的敏銳神經，甚至可以說連血管中流動的都是電信的血。

一九九二年，諾基亞的行動電話部門獲利達六十五億瑞典克朗，電視機製造部門卻只在十一億克朗左右，明眼人都看得出，電視機製造部門實在應該淘汰，而電纜和其他業務也應趁早讓位。

一連串的「瘦身」計劃推展下來，果然讓企業火力更集中，獲利更大。但最終任務完成後，奧利拉把所有戰功都記在員工身上，只形容自己爲一個「總推銷員」，其他工作夥伴才是眞正大功臣。謙虛不自滿的表現，讓他得到更多人的支持及愛戴。

奧利拉最看重的就是組織與品質。他嚴格要求，公司所有產品應該完好無損地出廠，所有配件應該輕鬆獲取，在製作中不應該出現疏失，在發展中不容許屈服於瓶頸。

身爲員工，必須將百分之百的注意力，投注在諾基亞的發展上。

奧利拉的另一個長處，就在對他人的理解，因爲他總是能爲不同的人找到合適的工作。對他來說，管理哲學的基礎是「不斷攪動鍋裡的水，消除必要的贅肉」。沒有人會在同一個崗位工作停留太長的時間，各個階層的員工都會不斷地變換職位，以訓練自己接受新挑戰。

在走向工作崗位前，所有諾基亞的新員工都會得到一本手冊，上面寫著這樣一句話：「你爲諾基亞做得越多，諾基亞也能爲你做得越多。」

奧利拉的成功之道，在於會做「減法」，爲企業進行必要的減肥。首先變賣電視部門，將電信部門擴大，「減法」之後緊跟著「加法」，最後實現「乘法」般的驚人效果。這並不是簡單的算術題，他向所有諾基亞人彰顯一個道理——在邁向成功的過程中，必須做出抉擇，並捨棄無法達到助益的包袱。認準目標，就該不屈不撓地走下去，直到實現由量到質的突破。

但必須認清的是，「減肥」並非特效藥，更非靈丹妙藥，必須搭配以完善調查與周詳縝密的計劃。若使用不當，即便開始可獲得一些效益，最後仍會對人員與組織雙方造成重大傷害。

奧利拉的企業減肥，目的是消除贅肉，不是把手腳剁掉造成諾基亞的失控，更不是把重要核心人員逼走，用整個企業的未來陪葬。

所以，在實行企業減肥時，切記審愼用心，以兗未受其利而先蒙其害。

與其計較公平，不如厚植實力

無論古代現代、東方西方，做生意無非就是使出渾身解數的競爭，而要稱霸商界，最有效的手法就是壟斷。

把握時機，以退為進

聰明的經營管理者，應該懂得退讓的哲學，以及把握使用的時機，為進取創造條件，當作發展的前提和基礎。

威爾遜·哈勒爾創辦了一個製造清潔噴液的小公司，主要生產販售一系列名叫「配方四〇九」的清潔液。一九六七年，「配方四〇九」已經佔有美國清潔劑市場的五％，而在清潔噴液這一個單項，市場佔有率更高達五十％。正當哈勒爾的事業蒸蒸日上時，寶潔公司生產出一種名叫「新奇」的清潔噴液，並開始在丹佛市試銷，想與哈勒爾爭奪市場。

美國寶潔是一家歷史悠久，實力雄厚的大公司，爲了保送自己的新產品「新奇」清潔液打下市場，展開了強大的促銷活動和廣告攻勢，打算一舉消滅哈勒爾的小公司。

經過分析，哈勒爾認爲對方實力雄厚，不能正面交鋒，決定暫且退讓，停止促銷活動，主動讓出一部分市場。同時，他也判斷，因爲自恃過高也過度自信，寶潔公司必定不會密切注意自己的行動，正巧可以利用自身靈活多變、行動迅速的特點，與之打一場游擊戰。

戰術擬定後，他故意中止「配方四〇九」在丹佛市的一切廣告和促銷，同時不再供貨，使得「新奇」清潔噴液在試銷中「大獲全勝」。寶潔一見哈勒爾主動讓出市場，便認定對方已被擊垮，不再多花時間力氣觀察動靜，立刻將一切資源投入到「新奇」的行銷攻勢中。

事實上，哈勒爾卻是「明修棧道，暗渡陳倉」，他巧妙地改變了「配方四〇九」的包裝、顏色，同時又密切注意對手的行動。

在「新奇」清潔液即將大量湧入丹佛市之際，哈勒爾突然展開了一場「削價戰」，重新推出「配方四〇九」，並以極爲優惠的價格大量傾銷，頓時吸引了大批注重價格、愛貪便宜的消費者，一次性購買了足夠一整年使用的份量。等到寶潔公司的「新奇」上市時，因為消費者已購足了「配方四〇九」，自然很難售出，寶潔公司只得承認失敗，全面停止「新奇」的生產。

問問自己，當產品因爲市場不景氣，而銷售成績普遍不佳的時候，該怎麼解決？當你的產品質不夠格或被另一種相似新產品取代的時候，如何是好？當你的實力與競爭對手越發懸殊，很難取勝的時候，可有能力扭轉乾坤？

聰明的經營管理者，應該懂得退讓的哲學，以及使用的時機。但必須認清的是，這絕非消極的退讓，而是爲進取創造條件，當作發展的前提和基礎。身爲企業經營者，如果不懂得以退爲進的策略，該退而不退，將難以避免在盲目前進中碰壁，或者跌得遍體鱗傷。

與其計較公平，不如厚植實力

無論古代現代、東方西方，做生意無非就是使出渾身解數的競爭，而要稱霸商界，最有效的手法就是壟斷。

深夜十一時半左右，一位不速之客出現在洛克菲勒於紐約下榻的飯店。

「是誰啊？」從睡夢中被叫醒，他沒好氣地問。

「是湖濱鐵路董事長華森特先生，他現在正在廳裡等你。」弟弟威廉回答道。當時，華森特剛取代迪貝爾，出任湖濱鐵路的董事長。他與賓州鐵路董事長斯科特的往來向來密切，與洛克菲勒的關係則稱不上好。這個時候，他究竟是爲了什麼目的登門呢？

正在納悶，身穿大禮服和紅背心的華森特進來了。

「請不要吃驚！」鄭重道歉後，華森特緊接著說道：「斯科特先生建議，我們雙方應該要合作才是。」

「是嗎？這麼說，斯科特董事長已經高舉白旗，願意與我們和解了嗎？」洛克菲勒瞅了瞅坐在一旁的夥伴弗拉格勒。

「鐵路大聯盟的構想，您覺得如何？」華森特直接切入正題。

「大聯盟？」

「是的，運輸石油的所有鐵路公司均攜手合作，但只與特定的石油業者進行結盟，至於小規模的石油中盤商或原產地業者，則限制不使其加入這個組織。」說完重點後，華森特便不說什麼，只是在一旁微笑。

威廉和弗拉格一聽，眼中立刻流露興奮與贊同，可是老謀深算的洛克菲勒卻不動聲色。他心想大聯盟的成立雖好，但若如此便宣布合作，就會顯得太衝動，非得擬定更多對自己有利的附加條件不可。

送走華森特後，他說出自己的結論：「要有條件。無論對方提出怎樣聽似優厚的誘因，我們也絕對不能在鐵路控制權方面讓步，以避免他們未來擅自且毫無顧忌的提高運費。」

洛克菲勒壟斷市場的最終目標，是形成托拉斯。深夜來訪的華森特所轉達，由斯科特提出的鐵路大聯盟計劃，不過是托拉斯的前奏曲，企業統一聯合體這種特殊半壟斷組織的開端。

幾次秘密協定之後，控股公司宣告成立。斯科特提出以「南方開發公司」作爲控股公司的名稱，資本額定爲二十萬，股份總額爲兩千股——事實上，掌管一切的控股公司本身不需太多資金。

另外，由於洛克菲勒的強烈要求，鐵路大聯盟只派出華森特作爲代表加入控股公司，並擔任董事長。

展開行動之前，洛克菲勒拿出一份待列入控股公司的石油公司名單，問好友兼左右手弗拉格勒：「到底該吸收哪些石油企業加入我們呢？」

「這要從長計議，那些未被列入名單的企業，將成爲運輸戰中的失敗者，勢必面臨滅亡。」

「事情並不這麼簡單。列入名單的企業雖然成爲利益共同體，但也說不定有那麼一天，會轉而變成競爭對手。」

「名單以外的企業勢力若是過於強大，也不是件好事，萬一他們聯合起來，組成另外的聯盟，又會是個棘手問題。」

這實在是一門學問，兩人非常謹慎，最終列出了幾家公司的名單，其中三家分別為洛克菲勒兄弟和弗拉格勒擁有，按控股率來說，洛克菲勒家族成為最大股東，合計佔有五百四十股。

南方開發公司與鐵路大聯盟簽定了運費秘密協定，號稱「美國工業史上最殘酷的死亡協定」。根據約定內容，從石油原產地克利夫蘭到匹茲堡，公定原油運費為每桶八角，但是參加控股公司的企業可獲得折扣，為公定價的一半，即每桶四角。另外，從克利夫蘭運往東海岸各城市的精煉石油，每桶運費為兩元，可享有五角的折扣。情勢相當明顯，只有參加聯盟的企業才可獲利，沒參加聯盟的中小企業，則必須付出兩倍的運費，終致被環境淘汰。

這是典型弱肉強食、強者生存的例子。

洛克菲勒可不是中國人所說的「儒商」，而是商界一個真正精明的「老狐狸」。爲了壯大自己，他可以採取非常手段以贏取非常之利，以及非常人所能及的成就與成功。而要稱霸商界，最有效的手法就是壟斷，消滅所有與自己對立的敵人。

看到這裡，也許有些人會抱怨，這實在太不公平了！可是仔細想想，無論古代現代、東方西方，做生意無非就是使出渾身解數的競爭，爲了生存、爲了獲利，誰又有心處處去留意講求公平呢？

既然要在社會上打滾，要參與這場競爭，就要認清現況。大魚吃小魚，小魚吃蝦米，除非退出，否則就只能厚植自己的實力，以求在這一行層出不窮的風浪中生存下去。

堤外損失堤內補

動動腦子，轉個彎，你會發現方法與機會無處不在。透過發掘潛力，巧妙規畫，方能在競爭中戰勝對手、佔盡上風。

第二次世界大戰前夕，南洋房地產業興旺發達，競爭極爲激烈。當時有一整片的公寓建築群要興建，由於工程規模大，油水利潤自然也多，許多建築商都激烈地參與競爭。

這些人中，有聰明的日本人，也有財力雄厚的歐美人，但最後得標的卻是一個不太起眼的華人建築隊。

原因很簡單，因爲他的價碼比日本、歐美都低了很多。

外國建築商看到這麼低的價碼，都覺得不可思議，甚至嗤之以鼻，「眞笨，虧本的生意也肯做！」

連公寓房產商也感到懷疑，他鄭重地對華人承包者說：「這樣低的標價，你們不可能賺得了錢。現在要反悔還來得及，將來可……」

華人承包者則嚴肅地回答：「請放心，我講的就是信用，不但會保持標價不變，而且保證品質，絕不延誤工期。」

房產商還是不能相信，追問道：「你們難道有什麼特別的辦法？」

承包者回答說：「辦法是有的，但是，並不奇怪。我打算在工地附近開設一些餐廳和商店，既不會妨礙工程施工，還可以讓工人更專心工作，你們應該不會反對吧！」

房產商一聽，覺得有道理，工人們就近吃飯和買東西，可以節省體力和時間，更能提高工效、保證品質。

不久後，合同就順利地簽訂了。

於是，在工地的周圍，由承包者開起了幾家不同風味的餐館和商店。建築工人們都在這裡用餐和買東西，生意非常好。

有一次，房產商前來視察工程進度，看到眼前的熱鬧景象，不禁產生了好奇心。他在承包者的陪同下，走進了一家餐館，向正在吃飯的人問道：「你們天天都在這裡用餐嗎？」

工人笑著回答：「爲什麼不呢？在這裡吃飯，方便實惠，又合口味，而且不需要當場付錢，飯錢可以直接從工資扣除的。」

房產商不得不佩服承包者的高明手段，「餐館和商店賺的錢，完全可以彌補在工程建築上的損失，這叫『堤外損失堤內補』。」

靈光一閃，機敏的房產商馬上向承包者提出建議：「我們再來簽訂一個合同，等公寓建成後，你把這些商店和餐館都轉讓給我，好嗎？」因爲將來這些公寓住戶同樣需要用餐和購物，商機自是無限。

這個建議得到承包者的同意。工程結束後，華人建築隊轉讓了這些餐館和商店，又在另一片工地上開設起新的餐館和商店。藉著這方法，他們以低價獲得了一次又一次的機會，卻從來沒有虧過本。

動動腦子，轉個彎，你會發現方法與機會無處不在。

一般商人在做生意時，總把眼光全部投注在目前所有，只關心著能不能從生意的「本身」掙到足夠的錢，而忘了周邊環境中，還有許多地方有利可圖，只要懂得換條路徑或方法。

當然，故事中所描述的情境、對策，可能都不適用於現在這個社會，但我們要學習那位華人承包商靈活機敏的思考和手段，在看似不利的情況之下，替自己找出一條賺錢的路。

透過發掘潛力，巧妙規畫，方能在競爭中戰勝對手、佔盡上風。

抓住機會女神的裙襬

除了充實自身實力並做好準備，更要主動出擊、尋找機會，並且在機會女神經過時，緊緊抓住她的裙襬。

一八九七年，丹尼爾·羅維洛出生於密西根州的一戶普通人家。從小，他就與船結下了不解之緣。

有一次，他發現一艘約二十六英尺長、部分設備損壞的廢棄輪船，就把它拖回家。那年冬天，丹尼爾什麼也沒做，就只在埋頭修理這艘船。第二年夏天，他把修好的船租出去，淨賺了五十美元。

修船租船，這第一次小小的經驗雖微不足道，卻已經預示了他日後取得成功的道路。

之後大約有二十年的時間，他從事著船隻的買賣與修理，卻始終不太順利，不但沒有發財，反而常常債務纏身，有好幾次還差點破產。

不知不覺已經四十歲了，丹尼爾卻還在這個弱肉強食的競爭中苦苦掙扎，找不出獲得成功的方向。

隨著石油需求量的日益增長，經營石油運輸顯得有相當利潤可圖。儘管沒有足夠的資金來購買船隻，丹尼爾仍想要把握這個大好機遇。他開始千方百計地籌措資金，跑了幾家知名銀行想申請貸款，卻全碰了釘子，但他並不灰心，接著又前往大通銀行「碰運氣」。

銀行經理上下打量著他的衣著，問他有沒有什麼可作爲擔保和抵押。丹尼爾坦承確實沒有什麼可供擔保和抵押，只有一艘舊的油輪，已出租給某石油公司，根據租約，可以按期收取租金。如果銀行認爲租出去的船仍可作爲抵押，那麼他就可以獲得貸款了。

經過反覆研究，銀行竟同意這種做法。得到貸款之後，丹尼爾馬上買進一艘舊貨船，並改裝成油輪。等到將這艘油輪出租後，又以它爲抵押，從銀行獲得下一筆貸款，繼續購進舊貨船，改裝後出租。一段時間之後，丹尼爾獲得了一筆又一筆的貸款，自己手中的油輪隊伍也日益壯大。所經營的事業得到前所未有的榮景，蒸蒸日上。

「機遇」看似偶然，其實卻包含著很多的必然，丹尼爾這段白手起家的過程，正是很好的例證——只有依靠自己的努力，才能有效抓住機遇，廣開渠道，並取得最終的成功。

白手起家的開頭幾步，總是無比艱難，然而成功者能拿出人所不及的勇氣，即便最孤立無援時，仍秉持信念、不斷嘗試。一旦成功地走好了第一步、第二步，興趣必定倍增，情緒必定更高昂，全心全力地投入到爲自己帶來成功喜悅的事業中，直到獲得更多成功。

然而，我們並不否認，「運氣」仍具備一定的影響力。美國心理學家金·魯森布博士認爲，一個人的個性可能有助於改善他的命運，但在一切開始的時候，卻可能是命運決定了要走的道路。

機遇是成功不可缺少的條件之一。因此，爲了得到嚮往的成功，除了充實自身實力並做好準備，更要主動出擊、尋找機會，並且在機會女神經過時，緊緊抓住她的裙襬。

著名投資理財專家華倫．巴菲特說過這樣一句話：「風險來自於你不知道自己在幹什麼。」

機遇總是青睞那些有所準備的人，它猶如一陣風，可遇而不可求，誰能抓住它並好好利用它，就等於得到一張通往「成功」的入場券。

蝦米可以戰鯨魚，小蛇能夠吞大象

小蛇先是觀察大象的動靜，然後「瓦解」大象身旁的種種防衛，一旦時機成熟，立刻出擊纏倒大象，得到勝利。

一九七七年，位於香港鬧區的地下鐵中環、金鐘兩站舉行興建投標，消息一出，立刻引起眾人矚目，如果能在這塊擁有「地王」稱號的地皮上發展物業，不僅能夠帶來豐厚的利潤，更可以提高企業信譽，使名聲大振。

這一切，對當時已屆天命之年的李嘉誠來說，充滿了極大誘惑。

李嘉誠出生於一九二八年七月十九日，廣東潮州市的一個書香門第。少年時命運多舛，爲避戰亂隨家逃港，寄人籬下。父親不幸病故後，十三歲的他只得輟學，肩負起全家的經濟重擔，在舅父的鐘錶公司工作。

一九五〇年，李嘉誠籌集了五萬港幣資金，創辦長江塑膠廠，以生產塑膠花打進了市場，被譽爲「塑膠花大王」。

一九五八年，他開始涉足房地產，憑藉出色的經營才華與眼光，不出多久時間，便成爲香港最大房地產發展商和物業擁有者。

一九七四年到一九七五年，李嘉誠趁房地價衰退，用低價購入多處可建高級大廈的土地，其中一處位於北角寒西湖，面積爲八十六萬平方公尺，建設成高級住宅區後，獲利一．五億港元。

然而，在「地王」公開招標競投以來，香港地下鐵路公司先後收到三十個以上財團、地產公司投標申請，其中包括有長江實業（集團）有限公司、香港置地有限公司、日奧財團、輝百美集團、嘉年集團、恆隆有限公司及霍英東集團等。

這場激烈的戰爭中，李嘉誠是唯一可以笑到最後的人。他力挫競爭對手，包括擊敗一度呼聲甚高的香港地產界鉅子——香港置地有限公司。

一場成功的投標戰役，被譽爲長江實業擴張發展的重要里程碑。

好戲連台，在此之後，李嘉誠又導演了一齣精彩的「小蛇吞大象」。

「青洲英泥」是一家老牌英資公司，為了打勝收購「青洲英泥」這一仗，李嘉誠先從清掃周邊開始，意在不知不覺間削弱其實力。從一九七八年起，他委託多方人士，不動聲色地在股市上買入「青洲英泥」股票，待持股數達到二十五％後，他出任該公司的董事，再等股數達到四十％以上時，便理所當然地坐上了該公司董事局主席的寶座。

緊接著，李嘉誠又把目標轉移到素有「洋行王國」之稱的怡和集團身上，並把將怡和旗下的「九龍倉」作為首要進攻對象。

同樣地，他再次利用分散戶名暗購的方式，靜靜地吸入大量九龍倉股票。沒有想到就在這時，李嘉誠得知「船王」包玉剛也決定與英資爭奪九龍倉。他不但果斷收手，更將名下股份全部轉讓給對方，從中獲利五千多萬港元。這一招，堪稱一舉兩得，賺了錢，讓他有更豐厚資本，可對下一個吞併目標「和記黃埔」展開攻勢，且為接下來與包玉剛之間可能的合作，打下堅實而深遠的基礎，使「入主和黃」成為可能。

李嘉誠從來不是興之所至，倉促或衝動行事。他始終保持匯百川而歸大海的寬大胸懷，致力在不斷地擴張兼併中，建立長期的生意關係。

收購「青洲英泥」和「九龍倉」，不過是進攻「和記黃埔」的迂迴前哨戰而已。事實上，他的眼睛始終盯著「和記黃埔」，並進行了周密的計劃和安排。

「和記黃埔」的前身，屬香港第二大「行」的和記洋行，一九七五年被匯豐銀行收購，成立「和記黃埔」財團，經營貿易、地產、運輸、金融等等。它是香港十大財團名下最大的一家上市公司，市值比「長江實業」多出五十五億港幣。相比之下，「和記黃埔」名副其實像頭大象，「長江實業」不過是條小蛇。小蛇眞能吞下大象嗎？

李嘉誠會毫不猶豫的告訴你，絕對能！只要小蛇肯長時間躲在草叢裡，仔細觀察大象的所有動靜。

他一直密切注意「和記黃埔」的發展，充分預測到它將是一家極具發展潛力、前途無限的集團公司，也洞悉「和記黃埔」不會長期保留在匯豐銀行手中，因爲匯豐本身不願長期背上「銀行操縱企業」的黑鍋，必定將在適當時機將「和記黃埔」出售。

一九七八年的「九龍倉」爭奪戰，李嘉誠透過主動放棄控制權所表現的氣度，與匯豐銀行建立起不錯的關係。接著又以自身的精明能幹、誠實從商的作風和日益壯大的旗下實業，得到匯豐銀行的欣賞和信任。

終於在一九八〇年十月，長江實業在不間斷地吸納，以及匯豐銀行的主動配合下，終於成功擁有超過四十%的「和記黃埔」股權，李嘉誠出任英資洋行和記黃埔有限公司董事局主席。

長江實業以六·九三億港幣的資金，成功控制了價值五十億港幣的「和記黃埔」，正如當時「和記黃埔」董事主席兼行政總理韋理所說：「李嘉誠此舉，等於用兩千四百萬做訂金，而購得價值超過十億美元的資產。」

如今「和記黃埔」已是香港最大的跨國綜合企業公司，經營面向多元，涵蓋了地產、電訊、貨櫃碼頭、能源、零售和通訊衛星核心業務等。

昔日由五萬港幣起家的李嘉誠，被香港輿論界稱之爲「地產大王」，「貨櫃碼頭大王」、「香港油王」、「能源大王」……其中最適當的，莫過於經濟界人士異口同聲的「企業大王中的大王」。

靠五萬港幣起家，卻能擁有現在的傲人成果，是因爲他清楚知道，要想把企業在短時期內做大，除了必須老老實實經營，維持品質與聲譽，也要擬定策略，進行商場上的攻防。

戰略制定後，關鍵在於能否以及如何實施。

與西方企業家喜好直來直往不同的是，李嘉誠的把戲更具東方特色，諸如隔岸觀火、暗渡陳倉，從周邊打起，不動聲色，放長線釣大魚。恰如當年坐上「青洲英泥」董事會主席的寶座之後，絕大部份的人仍想不透他是如何控制了四十％以上的股票。

以外，以變應變，隨時順應時勢調整自己的腳步。李嘉誠在得知包玉剛也有意收購九龍倉後，立刻罷手不說，還幫了對方一個大忙，以此換來商場上難得的朋友。

知彼知己、百戰百勝。小蛇先是觀察大象的動靜，然後「瓦解」大象身旁的種種防衛，一旦時機成熟，立刻出擊纏倒大象，得到勝利。

當大象成為懷中之物以後，重點便轉為融合、消化的能力。有多少企業雖然合併或被兼併，但因彼此之間的「文化」、「調性」不融，只好再度分道揚鑣，兩敗俱傷。

李嘉誠擁有寬容的「胃口」，這是他從多年商場打滾中積累出來的經驗與智慧，更可以說是一種獨到的人格魅力、領導風範。

5

精準宣傳，催生出令人驚歎的奇蹟

如果不能引發大眾的購買消費慾望，企業必將無法生存，所以市場宣傳看似不足道，實際上卻可以決定企業的生命。

舊酒裝新瓶，展現新生命

宣傳在企業經營中，佔了極重要的角色。為什麼可口可樂能夠成為世上最深入人心、最知名的飲料呢？無非是宣傳到家的緣故。

在一般人的印象中，二手商店似乎是只有窮人才去光顧的落伍地方，其實不盡然，美國的「良願」就率先打破了這種傳統陳舊的觀念，向所有人公開地宣告——二手商店也可以有獨特的風格，絕對足以在潮流中佔有一席之地。

「良願」是美國一家專門處理二手衣的商店，位於德州奧斯丁市一座陳舊的半圓型建築裡。前面是占地約三千平方英呎的店鋪，後面是七千平方英呎大小的貨倉，兩層磚樓正面的三個窗子都以木板釘死，店內又黑、又髒、又潮濕，散發著不太好聞的氣味。

一九八〇年代初，人們開始對各種舊貨產生興趣，當然也包括舊衣服，越來越多人前往車庫、舊貨攤，古董店乃至跳蚤市場購物。購買二手貨的原因不再是由於經濟拮据，貪圖便宜，而是因爲這些東西往往別具一格，自有風情格調，且品質遠比想像更好。

到「良願」這樣的二手商店購物，逐漸成爲一種時髦且聰明的做法。同樣是上門購買舊貨，顧客的動機卻已完全不同，怎樣在這種情況下，既保持原有的傳統味道，又跟上時代新潮流呢？這是「良願」經營者必須開始思索的問題。

爲了吸引新顧客上門，採取的第一個行動就是大整修。在經過六個多月，投資八萬美元對商店進行擴大改建後，整個面貌頓時煥然一新——店內安裝了照明設備，地上鋪起地毯，牆壁全部重新粉刷，營業面積也擴大兩倍之多，一座嶄新的商店出現在大家眼前。

此外，管理人員也精明地意識到，生意要成功，既不能丟棄傳統，又要塑造出新的形象。爲更確切瞭解顧客的構成，把握需求，還特地聘請一名報社研究部主任和一位大學教授，對前來店鋪購物的消費者展開調查。

在瞭解並掌握顧客的構成和需求以後，以此為基礎，商店開始了一連串有針對性的宣傳促銷活動。為使新面貌新形象更進一步深植顧客心中，一方面利用媒體大打廣告，另一方面撥出相當可觀的款項，舉行聲勢浩大的慶祝活動。連續數波的宣傳果真收到了效果，使更多、更廣泛的人注意到改變了形象的「良願」。

管理人員為開業慶祝活動確定了一個醒目的主題──「再看一眼」，配合舊貨新買的潮流，進一步有意識地引導顧客，重新審視並調整對購買二手貨這件事，以及對「良願」商店抱持的態度和看法。

開張前夕，店家特別舉辦了一場慶祝晚會，整個流程在輕鬆、愉悅的氣氛下展開，來賓們一邊品嚐精美可口的餐點，一邊在店內參觀、閒逛，從應有盡有的二手貨物堆中蒐尋自己需要的寶貝。

貨物一件接一件地賣出，包括了二十美元的浪琴女錶，三美元的名牌牛仔褲，十五美元的高級西裝褲……可說相當熱鬧、成功。

次日，當地報紙紛紛刊出報導，搭配以醒目的照片與標題，除了讚美購買二手貨的種種好處，更詳細介紹了「良願」商店內可供挑選的便宜貨，大大刺激了讀者的消費慾望。

種種精心規劃的措施果眞收到了良好效果，正式開業當天，登門顧客絡繹不絕，下午舉行的「超級巨星時裝表演」更將氣氛推向了最高潮。當地名人身著「良願」提供的二手服裝走秀，毫無顧慮地出現在大衆面前，使人相信使用二手貨、穿二手衣已不再跟貧窮、尷尬畫上等號，而是一股即將引領時尙的新潮流。

正式開業當天，新「良願」就創下了有史以來最高銷售額，其他五家分店也同樣獲得高額利潤。

總計該年底，六家「良願」舊貨店的總銷售量比上一年度增加了二十九％，以新形象出擊的舊傳統，獲得前所未有的極大成功。

宣傳，在企業經營中，佔了極重要的角色。

爲什麼可口可樂能夠成爲世上最深入人心、最知名的飲料呢？無非是宣傳到家的緣故，正如以天價買下經營權的伍德瑞夫所說：「一罐可口可樂中，有九十九％以上是碳酸、糖漿和水，所以唯有靠廣告大力宣傳，才能讓大家都接受。」

舊酒裝新瓶，品質不變，外觀卻大大改變，顯得越發吸引人，再加上有力度的宣傳，當然能得到較之前更大的成功。

未必非得要拋棄舊形象，但也別忘了適時做調整，穿上合於時代的嶄新外衣，才能吸引顧客的「關愛眼光」。

精準宣傳，催生出令人驚歎的奇蹟

如果不能引發大眾的購買消費慾望，企業必將無法生存，所以市場宣傳看似不足道，實際上卻可以決定企業的生命。

在麥氏兄弟將麥當勞的所有權利轉讓之後，買主克羅克便等同擁有了整個連鎖體系的經營控制權，為此他制定了嚴格的加盟方案，準備擴張勢力，全力攻佔速食市場。

但是，在公司內部，他並未表現「集權」慾望，將一切獨攬於手中，因為他知道僅靠公司的營運部門，絕對不足以發揮促銷、廣告、發展新產品等等功效，成功的行銷，必定來自與基層市場的密切接觸。

想要達到目標，麥當勞應當伸出觸角，應當無處不在，並配合不同市場做出不同的反應。所以除了總公司，還必須依靠連鎖的加盟者及供應商，一起開拓市場，創造行銷機會。

如果說營運是一門科學，那行銷就該是一種藝術了。但在麥當勞公司內部，卻無人精通此道，大家都專注投入於營運及財務，卻沒有行銷人才。克羅克本人是業務員出身，按理說應該略懂，但他只習慣於傳統式的面對面推銷，談及規劃行銷廣告便一竅不通。

對於應用大衆傳播媒體，最初的麥當勞可說一無所知，直到一九六三年，才進行了第一次的全國性宣傳——在《讀者文摘》上登了一頁的平面廣告。由於效果不錯，不久之後，公司又製作了兩、三個長約三十秒的電視廣告，在地方電視台播放。一九六四年，麥當勞開始雇用廣告公司，一九六七年，專業獨立的行銷部門成立。

這僅是一個開始，此後，麥當勞的行銷花樣日漸豐富，規模越來越大，今日已成爲企業經營必不可少的一個部分。

了解到宣傳的妙用之後，克羅克便開始採用積極手段以拓展行銷。

克羅克認爲，麥當勞並非典型的餐廳，他總是不斷地告訴旗下加盟者以及經理：「我們的麥當勞不是飲食業，而是娛樂業。」

是的，獨特的快速服務和廚房設計，使麥當勞亦具備娛樂方面的價值——消費者得以親眼看見餐點製造流程與廚房內部結構。

「麥當勞成功的秘訣，就在於把原本馬路旁骯髒的炸雞店，改成了乾淨舒適的家庭餐館。」

克羅克爲顧客提供了一個愉快的環境，服務也堪稱一流。不容否認，在保持效率、友好服務、維持環境清潔等方面，麥當勞確實付出了很多努力。

麥當勞公司準備有一本厚達三百五十頁的經營手冊，記錄了從食品準備到設備維護必須遵守的標準，例如門窗每天需清洗兩次，遵守一定的食品製作流程，服務也有必備的話術等等，甚至還列出了男女店員在儀容打扮上分別應遵循的標準。

在麥當勞公司，烹調實行徹底的標準化制度，一磅肉的肥肉不能多於十九%，甚至連每塊炸雞應添加多少調味都有明確要求，一樣食品完成與保存的時間也有規定，超過就一律扔掉。

必須嚴格檢查經營的各個環節，以保證服務品質。

堅持以高標準選擇加盟者是麥當勞的一貫作法，公司監督機構必須對商店的經營採取嚴格管控，發現狀況便及時處理，以防單一門市的問題影響到其他門市的營運。要獲得麥當勞總公司的認可，同意加盟，必須達到規定的標準，否則即使其他條件再優秀也難以入選。

麥當勞相當重視群眾廣告的作用，當時它是使用這種廣告最多的企業之一，每年平均花費在五千萬美元以上。

透過公關公司的調查，發現當全家人一起出門時，究竟去哪一家餐廳吃飯，其實有很大比例是由孩子決定的，如果孩子百般糾纏，父母親就很有可能會走進麥當勞。

看準了這一大好機會，於是即刻又擬定並採取了一系列有效措施。

他們經常在兒童節目播映的時段做廣告，內容全是一個個十分有趣的故事，以此來灌輸小朋友一種觀念——來麥當勞用餐是多麼快樂的事情。

此外，麥當勞還曾經雇用小丑波索爲公司做廣告。波索是美國國家廣播公司在華盛頓開闢的兒童節目「波索馬戲團」裡面的人物，由不同的演員扮演，巡迴全國各地演出。每週，波索都會在電視節目裡對小朋友說：「記得叫爸爸媽媽帶你到麥當勞去喲！」

那眞誠且快樂的聲調完全擄獲了小觀眾們的心，波索成了麥當勞的最佳代言人。可以想像，在一個全國放送並如此吸引兒童的節目上，小丑波索所達成的宣傳作用是極其巨大的。

一九六五年，「麥當勞叔叔」終於正式現身螢光幕，他帶領著漢堡神偷、大鳥姐姐、奶昔小精靈等可愛逗趣的角色，迅速攻佔兒童的心，成爲幾乎可以跟聖誕老人媲美的重要存在。

大張旗鼓地塑造兒童故事人物，設計多種有趣的活動與廣告，這已經是麥當勞的一大特色了。爲了穩固市場，全球有三十%的麥當勞門市設有遊樂區，並且不斷推出能夠吸引兒童目光的餐點與贈品。

克羅克曾說：「我們的麥當勞不是飲食業，而是娛樂業。」確實，他也眞正照自己的目標去發展，率領著麥當勞這龐大體系，登上全球速食業的龍頭寶座。

如果不能引發大衆的購買消費慾望，企業必將無法生存，所以市場宣傳看似不足道，實際上卻可以決定企業的生命。作爲一個領導者，必須瞭解哪些是行之有效的宣傳手段。

克羅克就是深明宣傳的重要性，所以抓住正確方向——搏取兒童的歡心之後，緊接著又費心思找出許多條可供利用的途徑，爲麥當勞大打廣告。

不可諱言，這正是讓麥當勞足以走遍世界，一個非常主要的原因。

創意是成功的基石

可以這麼說，品質是產品銷售長久的保證，而成功的好廣告則是產品迅速佔領市場的保證。在廣告宣傳中，技巧的運用相當重要。

要想在顧客心裡留下良好印象，單純的地毯式轟炸當然遠遠不夠，因爲這只能做到最基本的第一步——讓顧客注意到產品的存在而已。

在廣告宣傳中，技巧的運用相當重要。

柯卡斯公司是英國一家生產割草機的公司，儘管產品性能、品質與同類商品相比毫不遜色，銷量卻始終很差。該公司曾對消費者進行過多次市場調查，結果發現有六十%的顧客在購買時，會選擇柯卡斯的競爭對手，當時居市場領導地位的哈准牌割草機。

雖然柯卡斯的品質並不遜於哈准，但許多人心目中已經認定要買割草機，就得買哈准，因爲駕駛哈准就像在漫遊般輕鬆，可以大大減輕工作的繁重，而柯卡斯的性能究竟如何？其實大衆都不甚瞭解。

爲突破困境，柯卡斯公司決定開發一種新產品，使它具有其他機型所沒有的功能。據調查，人們對每回割完草後，必須將滿地散落的雜草收集在一起，感到相當頭疼，柯卡斯的新型割草機便針對這點下手，設計出同時具有割草與收集雜草兩項功能的優異產品。

可是，該怎樣將新資訊傳遞給顧客呢？

柯卡斯公司決定拍攝一支電視廣告，內容是這樣的：

一個少女手扶著割草機，在深綠色草坪上自在地遊走，模樣看來十分愜意輕鬆，在她面前，還站著導演與攝影師，很顯然的，他們正在爲某家公司的新產品拍攝廣告。

很快，工作結束，一行人準備離去，這時，提供場地協助拍攝的女主人出現，拉住導演，請他將割下的草收拾完再走，導演搖了搖頭，表示沒有辦法。

就在雙方僵持的時候，旁邊有人大喊「有辦法了」，隨即將柯卡斯新型割草機推出。不一會兒，在此一新型機器的幫助下，草坪迅速恢復了整整齊齊，乾乾淨淨。

廣告長度只有十幾秒鐘，但主題非常鮮明，表演很合情理，當即轟動了整個英國。非但產品銷售額大幅攀升，占市場總額的五十三％，柯卡斯也由原本的默默無名，一躍而成爲最有名的割草機生產公司。

這是以創意反敗爲勝的好例子，接著，我們來看另一則更具匠心的故事。

很多美國的洗衣店，爲了提升服務品質，都會在把衣服洗淨、熨燙、疊好之後，於中間加上一塊硬紙板，以保持形狀和硬挺度。顧客拿到手，會感覺像是從百貨公司買了件新衣服一樣。

瓊斯原是一家製衣廠的工人，每日工作內容非常單調、簡單——把製好的衣服熨平，然後平整地疊在一張二十八公分長、二十公分寬的襯紙板外面，再加上包裝。工作雖不繁重，收入卻實在不能令人滿意。

一天，瓊斯突然想到，其實爲紙板加上字畫並不影響它原本的功能，爲什麼不設法加以利用呢？於是，一個奇妙的創意誕生了。

經過打聽，他瞭解到襯衣紙板是用一美元兩百張的價格進貨的，於是用一美元三百張的破天荒低價，與許多家洗衣店簽訂紙板銷售合約。

凡聽到的人無不目瞪口呆，甚至以爲他瘋了，畢竟這個價格僅夠打平成本，根本無利可圖。

直到後來瓊斯取得成功，由此致富，人們才在跌破眼鏡同時恍然大悟，並不得不由衷佩服——原來，他透過在紙板上印刷刊登廣告的做法，向委託者收取巨額費用，大賺一筆。

不過，萬事起頭難，這門生意並非從一開始就步步順利，事實上，紙板廣告最初的效用並不大，因爲絕大多數人在購買或是拿回送洗的衣物後，連瞧都不瞧一眼，就把紙板丟了。

爲了使廣告紙板能引起家庭主婦的興趣，被閱讀甚至保存下來，瓊斯又想出新妙計，在紙板的下方留一塊空間，印上一個烹飪小秘訣、一條醫學知識、一則生活常識等等。這招果然靈驗，很多家庭不再將襯衣紙板隨便丟棄，而是一張張完好地收藏起來，將其作爲生活常識手冊，隨時翻閱。

從此之後，類似的事情便常常在洗衣店發生——某位男子剛穿過一次、其實還相當乾淨的襯衫被送進了洗衣店，只因爲他的妻子希望多得到一些印著食譜的襯衣板。

瓊斯以一百美元起家，不到兩年時間，就成了百萬富翁。

當然，成功的廣告不只要能引起大衆注意，更重要還得讓他們對產品留下良好的印象，這就需要企業下一番功夫，爲產品找出明確的客層與定位。

無論翻開報刊雜誌還是打開電視，必定可看見廣告鋪天蓋地而來，也無論你是孩童長者，抑或俊男倩女，都可在廣告中發現自己的渴求與需要。

產品的品質固然重要，廣告行銷手法的好壞也似乎越發不容忽視。

可以這麼說，品質是產品銷售長久的保證，而成功的好廣告則是產品迅速佔領市場的保證。

量力而為，別讓近利迷惑自己

要振作起企業，首要就是建立危機意識，否則會沾沾自喜於眼前成果，難以從整體長遠地控制發展，更不可能求得健全進步。

一九三五年，日本索尼（SONY）公司成功製出了第一代晶體管收音機，這項新產品體積雖小，但與原來通用的笨重真空管收音機相比，性能卻大大提高，而且也非常實用。

考慮到日本是個資源小國，市場不大，產品必須出口才能有所作爲，公司創始人盛田昭夫決定以新產品首攻廣大的美國市場。

經過艱難的推銷工作，新產品的訂單漸漸多了起來。

讓人大爲驚喜的是，有一天突然冒出了一位客戶，居然要一次訂購十萬台晶體管收音機。

十萬！這在當時根本近乎天文數字！如果交易順利，所得利潤將足以維持索尼其後好幾年的正常生產。

公司職員無不爲此歡欣鼓舞，都希望給這位客戶優惠的價格，以儘快訂下合約，大賺一筆。

不料，總部竟於此時突然宣布了一條擺明要拒絕大客戶的奇異「曲線」：訂量不足五千台者，按原定單價計算；訂購一萬台者，價格給予最大優惠；訂購數量超過一萬台者，價格又逐漸升高；如果訂貨十萬台，平均價格甚至比原本的零售價更高。

如此奇異的價格「曲線」公布後，令職員及客戶大爲不解，因爲按照常規來說，不是訂貨量越大，價格就越低嗎？

爲什麼要拒絕大客戶的訂單呢？

親手把生意推出門，背後究竟有什麼特殊原因？

盛田昭夫後來向職員們透露了八字考量：「著眼將來，力避後患」。

當時索尼公司的年產量遠遠不及十萬台，如果接受這批訂單，生產線勢必得成倍地擴大，可是如果公司籌款擴大生產線以後，再也沒有突然降臨的大批量訂貨，會造成什麼後果？

可以想像，必定會使一家剛起步的公司面臨破產。

訂貨量越大，單價就越低，就一般情況而言是合理、完善的方案，接下十萬台的訂單，也足以使索尼公司在短時間內向前跨進一大步。但是，就企業的長遠發展而言，盲目投資、擴大規模將造成生產不穩定，甚至不知不覺間埋下倒閉的可能。

索尼的價格「曲線」是站在避免後患的出發點，引導客戶，接受對雙方都最有利的一萬台上下訂量。

要振作起企業，首要就是先建立危機意識。

若是沒有危機意識，就會沾沾自喜於眼前成果，難以從整體長遠地控制企業發展，更不可能求得健全進步。

所謂「生於憂患，死於安樂」就是這個道理。

盛田昭夫能夠不被近利迷惑，通盤考量，所以得以帶領當時尚未成熟的索尼公司，渡過一個個挑戰、危機，終至成爲世界性的頂尖企業。這個案例，正是他過人膽識與危機意識的充分表現。

吃得太多並非好事，也要能夠「消化」、「吸收」才行，否則非但不是幫助，只怕還會造成難以承受的負擔。

人是如此，對企業亦然。

讓宣傳手段出人意「錶」

現代企業如果要佔有一席之地，獲得更大的發展，就必須為自己塑造出美好且具特色的企業形象。

日本星辰（Citizen）手錶公司董事長山崎指出，製錶工業所要追求的，應是精確和時尚。他說：「手錶已逐漸成爲流行服飾的搭配品。發達國家的人們，會在不同場合佩帶不同樣式的手錶，或只爲追求樂趣，而購買、佩帶不同種類的手錶。」

「剛開始時，人們要求每天誤差不超過三十秒，而後進步到每個月控制在十五秒內，現在，每年三秒的誤差範圍是最新要求。當然，我們的理想是製造出零誤差的手錶。」

為了順應時代潮流，星辰公司不斷地推出適合於不同場合、不同目的的多款手錶，如情人錶、豪華錶、運動錶、新潮錶和日常型錶……等等，其中以運動錶最受歡迎。

星辰錶的售價每只從數十到數萬美元不等，但總體來說仍以低價位為主。山崎指出，以一九八四年為例，五十美元以下的低價錶占了總產量的四分之三。他表示：「我們寧願客人多買幾只便宜的錶，而非只買一只高價錶。」

以前，星辰公司的海外發展狀況並不樂觀。在歐洲市場上，除了德國，其餘各地區銷售狀況都不見起色，世界鐘錶王國瑞士推出的帥奇（Swatch）錶，款式新穎，符合年輕人品味，價格又便宜，在北美市場引發轟動，也對星辰錶造成極大壓力。

有鑑於歐洲市場已是瑞士錶的天下，山崎認為，與其硬要爭個高下，倒不如另闢山頭，如此對公司的發展才真正有益。經過深入市場調查，山崎選定了新的進攻點——遠離瑞士錶勢力範圍的澳洲。

開拓澳洲市場的決策絕不容許失敗，那麼，究竟該如何打開知名度，博得消費者的注目與信任呢?要做到這一點，關鍵是必須讓澳洲消費者充分認識到星辰錶的優異耐用、分秒不差。

一天，在澳洲一份發行量相當大的報紙上，忽然刊出一則廣告，花鉅資買下二分之一版面的正是日本星辰公司。

廣告刊登了這樣一則消息：星辰鐘錶公司將在選定的某一天，以直升機向某廣場空投手錶，凡拾到者免費奉送。

一石掀起千層浪，這是眞的嗎?日本人是怎麼了?難道吃飽了撐著嗎?看到這則消息的澳洲人無不瞪大了眼睛，不敢置信。

很快到了預告的日子，人們呼朋引伴聚集在廣場，眼巴巴地抬頭望著天，內心充滿激動與期待。忽然間，一架直昇機飛過，果眞有數萬只手錶從天而降，彷彿天女散花。

欣喜若狂的人紛紛撿起從高空投下卻還能準確行走的星辰錶，相關消息也立刻登上了新聞頭條，成爲全國街頭巷尾談論的話題。

很快地，澳洲市場掀起了一股競相購買星辰錶的狂潮。

對此，董事長山崎並不感到滿足或自傲，因爲他還有更遠大的目標——讓全世界六十億人口，全都戴上一只星辰錶。

現代企業如果要在市場、在消費者心中佔有一席之地，獲得更大的發展，就必須爲自己塑造出美好且具特色的形象。

何謂企業形象？簡單來說，就是綜合產品、服務、人員素質、經營作風及公共關係等多方因素，在社會大衆眼中留下的整體印象。

樹立一流形象，是現代企業成功的必經之路，爲了達到目的，可以從不同的角度切入、出發，以不落俗套的方式，刻畫鮮明形象，突顯出自身與其他競爭對手不一樣的地方，從而奪得勝機。

6

讓消費者找到驚喜

廣告是打響企業名聲、宣傳產品的必備手段，而如何做得出色，就需要當事者拿出突破的創意與確切實行的毅力。

明確定位，為成功紮根

一個成功的經營管理者，要懂得覺察市場潮流，剖析自身優劣勢，立定腳跟之後，將現狀與困境突破。

萬寶路（Marlboro）香煙是一九二四年在美國問世的，當時，生產商菲利浦·莫里斯公司抱著很大的信心，希望以它進攻婦女市場。

可是人算不如天算，儘管當時美國的吸煙人數年年上升，萬寶路的銷路卻始終平平，讓菲利浦公司傷透了腦筋。

經過調查，婦女們抱怨白色煙嘴會染上鮮紅的唇膏，紅點斑斑，很不雅觀，公司立刻把煙嘴部分換成紅色。可是，這一切努力並沒有挽回萬寶路的命運，菲利浦公司終於在一九四〇年代初，決定全面停產。

二次世界大戰結束後，濾嘴香煙開始問世，美國的吸煙人口繼續上升。菲利浦公司認爲有機可乘，便又把停產的萬寶路配上濾嘴，重新投入市場。但很遺憾的是銷量仍然不佳，甚至連知道這個牌子的人都很少。

一籌莫展但又心有不甘的菲利浦公司，派遣專人前往著名的利奧·伯內特廣告公司，向創辦人伯內特先生請教。

伯內特在當時美國的廣告界享有很高聲望，是幾位著名大師之一。

他在深思熟慮並進行周密調查後，大膽向菲利浦公司提出建議：放棄充滿脂粉香氣的女子香煙吧！爲什麼不嘗試用同一牌子創出聞名世界、具男子漢氣概的香煙來呢？

在伯內特和菲利浦公司總經理喬·卡爾曼攜手努力下，一個嶄新大膽的廣告計劃誕生了——品牌保持不變，仍舊採用當時首創的平開式盒蓋新技術，並用象徵力量的紅色作爲主要色彩，但卻不再以婦女爲主要對象，而改在廣告中強調萬寶路香煙的「男子漢氣概」。

按伯內特的創意，理想中的男子漢形象，就是在萬寶路廣告中充當主角的美國牛仔——目光深沉、皮膚粗糙、渾身散發著粗獷、豪邁的英雄氣概，袖管高高捲起，露出多毛的手臂，手指夾著一支冉冉冒煙的萬寶路香煙。

以這牛仔爲主角的廣告在一九五四年問世後，原來不斷下滑的銷售量奇蹟似的在一年後提高整整三倍，從原本鮮爲人知的牌子，一躍擠進當時美國香煙銷量的前十名。

在爲萬寶路尋找廣告主角時，伯內特公司從來不用出名的男模特兒，而是派人到美國各處偏僻的大牧場，物色眞正散發粗獷氣質、土生土長的牛仔。

一九七一年，美國政府決定全面禁止在廣播電視中播放香煙廣告，這對萬寶路的對手威斯頓香煙來說，損失相當大，因爲它過去曾製做出多首受歡迎的廣告歌曲，如今卻不能再播放。

與之相反，煙草廣告不准在廣播電視媒體出現的禁令，反而幫了萬寶路一個大忙，因爲「牛仔」從來就不曾在廣告中開過口，一切都靠圖像來傳遞。可以說相較於廣播電視，報刊與雜誌才是萬寶路最理想的廣告媒介。

撤出廣播電視，使萬寶路得以將近三百萬美元的廣告預算轉投向報刊雜誌，從而再次贏得大量的忠實消費者，並在不久後取代對手威斯頓，成爲美國銷售量最高的香煙，甚至將觸角拓展到全世界。

萬寶路經驗帶來了什麼啓示呢？

一個成功的經營者，要懂得覺察市場潮流，剖析自身優劣勢，立定腳跟之後，將現狀與困境突破。假如你對產品的品質有相當自信，只是由於不屑進行宣傳而導致狀況不佳的話，請改變舊觀念，向萬寶路香煙學習吧！

去找一家優異的廣告公司，與之合作，然後你必將驚喜地發現，出色的廣告確實能夠創造奇蹟。

讓消費者找到驚喜

廣告是打響企業名聲、宣傳產品的必備手段，而如何做得出色，就需要當事者拿出突破的創意與確切實行的毅力。

「借樹開花」，在軍事上指的是借別人的局面布成有利陣勢，即使原來的兵力弱小，也能顯示出強大陣容。一種借他人力量來懾服敵人的謀略。

在現代企業的經營管理中，有見識的領導者都善於藉媒體大造聲勢，以適時、準確、廣泛、生動的宣傳，提高自身知名度，增強產品對消費者的吸引力，達到搶佔市場、擴大銷售的目的。此外，透過改變產品規格、型號、式樣、包裝，或整修裝潢、擴充門面，形成龐大、豐富的陣容，也可以吸引消費者的目光，提高競爭能力。

以上所列種種，都是「借樹開花」之計在商戰中的妙用。

一八九九年，島井信治郎正值二十歲，開始了獨立創業。他最先從事的是葡萄酒釀造，希望能製造出眞正合日本人口味的甜酒，經過不斷研究，終於研發出赤玉葡萄酒。

葡萄酒是一個很時髦的名字，不同於一般日文命名的傳統酒，而是以英文命名，這在當時可算是極特殊的創舉。

爲了促銷，信治郎簡直花招百出，除了在報紙刊登廣告，甚至每天晚上騎著腳踏車到賣酒的店中詢問：「請問一下，這裡有沒有賣Port nine（赤玉）葡萄酒呢？」

「赤玉？沒有耶！」

「啊！眞可惜，那種酒實在是很好喝，等你們進了貨，我再來吧！」

就這樣一遍接一遍，一家又一家地宣傳，無畏寒暑，不怕困難。

很快的夏天到了，信治郎準備三十個長燈籠，上面印著「Port nine（赤玉）」

的字樣，雇來穿著制服的人提著它，沿大街小巷到處走動做廣告。

此後，業績果眞得到飛躍性發展，但他不以這樣的成就爲滿足，接著又創立了「赤玉歌劇團」，走遍全國進行表演，同時將印有團員肖像與商標的海報，分送至各地。這種標新立異的方式得到熱烈迴響，觀衆們爭搶海報，果然使「赤玉」聲名大噪。

將赤玉葡萄酒的經營推上正軌之後，信治郎就開始製造威士忌，拓展另一塊市場，一步步開創出自己的事業版圖。

從以英文爲產品命名、登報、假冒顧客向商店打聽、派人提燈籠宣傳，乃至創立歌劇團分送海報，都是「借樹開花」策略的應用。

廣告是打響企業名聲、宣傳產品的必備手段，而如何做得出色，就需要當事者拿出突破的創意與確切實行的毅力。

天下真有白吃的午餐

怎樣做生意才會成功？應牢記的是，不僅該在提升產品品質上競爭，更要在爭取顧客上競爭。

一九七七年，美國卡特總統向所有美國人警告能源危機的到來，搖滾巨星「貓王」去世，太空船航海家一號、二號（Votager 1，Voyager 2）開始進行對太陽系的探索，戈巴契夫當選爲蘇聯總統。

就在同一年的八月，甫年滿二十歲的黛比．菲爾茲開始了「甜餅女士」的創業生涯。

八月十七日，商店開張的前一夜，黛比心慌意亂。幾週以來，她一直不斷地告訴自己，專家們的話是錯的，經濟再不景氣她都可以成功，即便眞的不行，最慘也不過是關門大吉，她總能再找到一份工作、一條生路。

可是現在，距開業只剩幾個小時，黛比卻滿懷疑慮，自己眞能做到別人認爲不可能的事情嗎？

她整晚地哭泣，不知不覺到了清晨六點，必須開始烤餅的時間。

黛比決定做七種不同口味的甜餅：含果仁和不含果仁的牛奶巧克力餅、含果仁和不含果仁的微甜巧克力餅、燕麥葡萄乾果仁餅、果仁巧克力餅、角豆餅。所謂角豆，是爲不吃巧克力的人所提供的一種甜味替代品。

打起精神，黛比穿上亮眼的白衣、棕褐色家常褲和淺黃色圍裙，爲了活絡氣氛，還特意戴上一頂神氣的大草帽。櫃檯上所有甜餅都經過精心擺放，一切已準備就緒，只消迎接第一位顧客上門即可，她強迫自己勇敢地露出微笑，等待，等待，再等待。

直到中午，「菲爾茲太太餅店」還是沒有賣出任何一塊甜餅，雖然有幾個路人上門，但是當他們看到每塊二十五美分的價格，就立刻失去興趣，很快地轉身離開了。

整個上午的失敗令黛比再也無法忍受，商店的堅持是出售新鮮鬆軟的甜餅，如果它們在出爐後數小時還賣不出去，就會開始變硬。這樣不行！她必須馬上採取行動，既然顧客們認爲這些甜餅不值二十五美分，她就要靠贈送樣品改變他們的想法。

她託朋友照看商店，自己抓起一盤點心就向街上走去，分送給每一位經過的行人，邀請大家一同試吃。最開始根本沒有人願意嚐試，但是黛比不放棄，仍舊保持著笑容努力推銷，來來回回地請求陌生人品嚐自己烤出的甜餅。

勇氣得到了回報，漸漸地，周圍聚集的人多了起來，提供試吃的商品被一掃而空，感到滿意的客人跟隨她回到店裡，購買更多的甜餅。

當天營業結束時，黛比竟賣掉了整整七十五美元的甜餅！

儘管不自覺，但當黛比端著樣品走上街時，等於使用了一種寶貴且聰明的市場戰略——和自由市場經濟中的所有勝利者一樣，成功說服了客人選擇自己，而不是其他同類型競爭者。

免費品嚐給予人們一個機會，把「菲爾茲太太餅店」的產品與他們過往吃到的甜餅作比較，藉此，黛比有機會直接而友好地和消費者進行交流，銷售量因而增加。

免費試吃帶來成功，以至於成爲日後「菲爾茲太太餅店」的固定推銷方式，並爲其他同業所效法。

怎樣做生意才會成功？要達到可能不容易，但基本道理並不複雜，應牢記的是，不僅該在提升產品品質上競爭，更要在爭取顧客上競爭。

想在競爭中取得勝利，要把握每一個可能出現的機遇，而如果機遇遲遲沒有出現，那麼，就像案例中的黛比一樣，採取行動吧！無論如何，要靠自己的力量去尋找並抓住它。

藉強悍的對手提升自我

商場沒有真正的感情，不需要過份的保守、顧慮與猶豫，唯有敢於當機立斷打擊對手，才可能扭轉劣勢，獲得成功。

麥當勞是美國速食業的霸主，不只佔有國內四十五％的市場，還在許多國家建立了上萬家連鎖店。

除了精心設計出逗人喜愛的「麥當勞叔叔」作爲代言人，每年用在宣傳的廣告費用更高達四億美元，是其他同類型業者所遠遠不能及。

因而，在所有人眼中，「麥當勞」不僅僅是一個速食公司，更與可口可樂、迪士尼樂園一樣，成爲一種看來牢不可破的、美國通俗文化的表徵。

然而，溫蒂公司卻用大膽驚人的創意，與麥當勞展開了對抗。

一九六九年創立的溫蒂公司，最初只能算個無名小卒，經過十多年的努力，才好不容易在裝修風格、服務、新產品開發等三個方面，建立了自己的一些特色。它盯住麥當勞，硬是在牛肉餡份量上比對方多出零點幾盎司（一盎司約二十八克），並把目標市場定位在二十歲以上的消費群體，與麥當勞的低齡消費群體相區別。

到了一九八三年，溫蒂公司雖仍不能與麥當勞相提並論，但它的營業總額步步爬升，將近達到麥當勞的四分之一，令財大氣粗的「麥當勞叔叔」開始感到有些不安。

也在同一年，美國農業部提出一項正式調查報告，其中寫道：麥當勞推出號稱含有雙層四盎司肉餡的巨型漢堡，但其中的含肉量根本不超過三盎司！

麥當勞的偷工減料，啟動了溫蒂源源不斷的創意思維，它們決定「小題大作」，強調牛肉餡份量對產品品質與口感的影響，並特別標明自己比對手多出的零點幾盎司，商請當時的知名影星克拉拉跨刀，拍攝了一支相當出色的電視廣告。

廣告開始，畫面上，出現一位看來風韻猶存的老太太，坐在餐桌前，開心地盯著桌上一個碩大無比的漢堡。但當她笑瞇瞇地掀開漢堡後，卻驚呆了——外表看來這麼大的漢堡，裡面竟只有指甲片那麼點大的牛肉餡！

她左瞧右瞧，終於明白自己上了廠商的當，於是惱怒且不敢置信地對著鏡頭嚷起來：「牛肉在哪裡？」

廣告播出後，引起相當大的迴響，觀眾先是好笑，繼而同情，終於產生共鳴，與那位上當受騙的老太太一同討伐弄虛作假的「麥當勞叔叔」。這支廣告片不但被一年一度的紐約國際廣告Clio大獎評爲「經典作品」，溫蒂公司也受它的影響，大幅提高了知名度，受到普遍讚揚不說，營銷額更比預計提高了十八％。

一九八四年，溫蒂公司再與克拉拉合作，推出新一波廣告。

這回，克拉拉扮演一位重聽的老太太，出遊墨西哥回到芝加哥機場時，才發現護照遺失，無法入境。

只見她一面回答海關人員沒完沒了的詢問，一面手忙腳亂地翻口袋，想找出點什麼東西來證明自己是美國人。

翻遍了所有口袋仍無所獲，克拉拉無計可施，最後只得將脖子一挺，對海關人員大吼起來：「你難道不認識我嗎？我可是廣告明星！」接著便是所有美國人都耳熟能詳的一聲——「牛肉在哪裡？」

在哄堂大笑中，觀眾們重新記起了「麥當勞叔叔」的短斤缺兩，並且再一次想到溫蒂那豐厚多汁、令人回味的肉餡。

爲什麼溫蒂的系列廣告能獲得空前好評呢？

它成功的原因有三：

一是敏銳地抓住了難得的時機，在消費者關心的份量問題上大作文章，使自己居於不敗。

二是代言人的形象塑造與競爭對手形成了強烈反差，「快樂的麥當勞叔叔」被「愛挑剔的老太太」徹底擊敗。

三是廣告選角與創意之高明，讓「牛肉在哪裡？」從此成爲「弄虛作假」的代名詞。

信譽爲從商之本，若能在競爭中抓住強勁對手的一些小小弱點，施以奇招，大作文章，往往便能帶來超乎預期的收益。

就以溫蒂公司的廣告創意來說，雖然有點惡意攻擊的味道在，但正是這種幽默又犀利的手法使其一舉成名。

商場沒有眞正的感情，不需要過份的保守、顧慮與猶豫。成王敗寇，唯有敢於當機立斷打擊對手，才可能扭轉劣勢，獲得成功。

微小的引誘，換來巨大的成功

一味迷信品質，不進行宣傳或不以服務顧客的手段來「引誘」，生意是不會上門的。

一提起廣告，人們往往馬上聯想到電視、報紙和雜誌等相關傳播媒體。確實，在這些地方刊登廣告能讓許多人看到，但卻必須支付高昂的費用，大幅增加成本。有沒有既能達到宣傳目的，又能省下一大筆費用的廣告方法呢？

其實動動腦筋，必定能找到許多省錢的替代方法，或許不那麼容易想到或做到，但它們的效果無須懷疑。

別讓自己太過迷信，要知道，有時候小媒體也可以取得大效果。

以下，讓我們來看一個非常「巧妙」的例子。

一家科技開發有限公司就要在北京成立了，可是由於之前已投入大筆預算在新產品的研究開發上，資金短缺，無力再做電視廣告。

沒有廣告，就不可能打響知名度，更不可能得到顧客的注意，前景必然不樂觀，可是現況擺在眼前——根本拿不出錢了，究竟該怎麼辦呢？

爲此，公司領導人相當煩惱，日夜苦思對策。有一天傍晚，還留在辦公室加班的他從窗口望出，看見夜幕降臨，華燈初上，腳下繁華的大道亮起一片霓虹，北京市猶如一座生氣勃勃的不夜城，高樓巨廈林立，展現出另一番風情。

這樣的景色忽然使他靈機一動，得到啓發，立刻吩咐公關策劃部經理，從現在起每天晚上都派部下「兵分數路」去熱鬧的戲院、遊樂場、百貨公司，發出所謂的「尋人啓事」，透過銀幕或廣播，公開尋找「××科技開發有限公司的××先生或小姐」。

由於每次的「尋人啓事」都有成千上百人看到或聽到，時間一長，大家雖不自覺，卻都已經知道了這家公司的存在。

名聲打響之後，一掃之前門可羅雀的景象，訂購產品的、尋求投資合作的、洽談代理經銷的客戶與廠商越來越多。

「酒香不怕巷子深，藥好不需多搖鈴」，品質優秀就能暢銷，何必費心打廣告？這個傳統觀念令許多人深信不疑，但我們必須認清一個現實——在邁入知識經濟時代的今天，如上的想法觀念早已經徹底「破產」，背離了眞實。

應該這麼說，酒香也還要方便群衆購買，並盡可能不在深巷之中；藥好也要注意宣傳，讓更多人知道它的性能和特點。

品質與宣傳，做到兩者兼顧不偏廢，才能成爲眞正的勝利者。一味迷信品質，不進行宣傳或不以服務顧客的手段來「引誘」，生意是不會上門的。

廣告的實質說穿了很簡單，就是盡可能讓更多人知道你的商品，因而只要是能打響良好知名度、博得注意力的方法，都可以勇敢嘗試。

從冒險中發現成功的捷徑

千變萬化的複雜市場取代了靜止不變的傳統經營模式，經營者的每一項決策、每一次行為都蘊含著成功的希望，以及失敗的可能。

用你的創意打動消費者的心

聰明的行銷人才還得看透隱藏在消費者心底的慾望，甚至要激發消費者從未想過的慾望和需求。

創意廣告是行銷宣傳時最重要的部份，無論腦海中出現什麼樣的構想，都要讓頭腦多轉幾個彎，因爲所有的創意都具備了三百六十度的多元性。在消費心理越來越分衆的時代，面對獨立且難以捉摸的消費心理，除了必須深入了解之外，構思行銷企劃之時，思路更要靈活多變。

剛研發合成樹脂毛毯成功的日本梨化公司，在產品上市不久後，便發現有人大量仿冒他們的新產品，並且以劣等品質低價販售，這不僅搶奪了梨化公司的市場，更嚴重的是，劣質的產品直接影響了梨化公司的聲譽。

深受仿冒品的傷害與威脅，為了維護自身權益與名聲，梨化公司苦思之後，終於想出了一個解決辦法。

這天，在日本全國各大報上都可以看見這樣一則廣告：「把合成樹脂變成柔軟舒適且色彩鮮艷的絨毛，是梨化公司苦心研發出來的新產品，我們相信這樣物美價廉的毛毯一定人見人愛。這項技術我們已經申請專利，因此僅止一家，其餘皆是仿冒品。在這裡，我們想請各位幫個忙，如果您發現有人仿冒本公司的產品，請將工廠名稱與地址傳給我們，只要查證屬實，本公司會酬謝您二百萬元的獎金，絕不食言。」

看似嚴肅實則活潑的廣告宣傳方式，果然吸引了所有讀者們的好奇，大家紛紛討論著：「什麼是樹脂毛毯啊？」

這二百萬元獎金不僅掀起了空前的討論熱潮，更收到了嚇阻仿冒的作用。一夕間「梨化合成樹脂毛毯」成了家喻戶曉的熱門商品，市面上正牌的樹脂毛毯更是締造銷售佳績。

這則廣告確實達到了絕佳的宣傳效果，讓梨化公司的新品從此打下了穩固的基礎。這則廣告不僅在日本國內廣受消費著的注意，也因爲在外商公司間掀起了一股熱潮，進而引來了國外採購商的注意，很快地梨化公司順利地開拓到國外市場，業績當然一路攀升。

承諾的賞金雖然最後沒有送出，然而商品的知名度迅速提高，其實也早在他們的預估之中，因爲這個方法是公司上下苦思出來的秘方。

「徹底了解人性，捉住消費者的心理！」這是許多資深廣告人對成功的廣告文案所下的註解。

這個道理看似很容易，事實上投入企劃後，才會發現所謂的消費心理並不是「想吃糖就給糖吃」那麼簡單，聰明的行銷人才還得看透隱藏在消費者心底的慾望，甚至要能用一句簡單的廣告詞激發消費者從未想過的慾望和需求。

在商業化社會中，幾乎所有商品都會借助行銷廣告的手法，來增加產品的曝光率以激勵銷售業績，因此，宣傳廣告的創意與趣味性便顯得十分重要了。就像梨化公司打出的這則強而有力的宣傳廣告，便成功地挑動了人們的好奇心，更進一步激起了消費者一探究竟的慾望。

換句話說，在商場上，心理戰術便成了最有效且最重要的攻防法寶。爲了抓住消費者的心，更爲了擊倒對手，懂得人性心理的弱點是每一個行銷人員必須努力研究的功課。

就像梨化公司這則廣告，表面上以對抗仿冒商爲由，其實是想要挑動消費者對新產品的印象，結果兩個目的都收到成效。

這個一舉兩得的方法如今已被普遍應用在各種廣告中，因爲，這不僅能遏止仿冒商的惡行，還能達到品質保證的宣傳印象。

創意就是最好的發財工具

生活處處都有商機，只要從滿足社會需求，或刺激消費者的好奇概念裡構思，都能輕鬆找到財源廣進的絕佳創意。

在網路與科技不斷翻新的時代，創意就是最好的發財工具，想要推動既富有創造性又有利可圖的商業活動，就必須研發獨特的創意。

有了創意，更不能忽略行銷戰略，因爲，如果說創意是「喜馬拉雅山」，相較之下，行銷戰略就是「聖母峰」。

我們身處的是一個知識經濟的年代，也是一個優勢競爭的年代，更是一個窮人隨時都可能一夕致富的年代。

致富的原則在於，擁有超越別人的獨特創意之後，必須構思出最恰當的方式去執行，如此才能爲自己創造龐大的財富。

既然是有趣的創意，那麼在這個想像中必定有些吸引人的地方，否則怎麼可能激起別人的興趣?所以，別老是認爲「胡思亂想」是件壞事，很多時候正因爲「多想」，讓我們想到了非比尋常的生財妙方呢！

這個充滿想像力的世界，只要創意的趣味十足，也能夠滿足人們的好奇與玩樂心理，那麼這個創意就是最佳的生財器具。

在比利時的布魯塞爾市中心，有一間舉世無雙的棺材酒吧，陰森森的裝潢佈置，每每讓初次踏入的人不由自主地心生恐懼。

在通往棺材酒吧的小通道上，他們選擇了黑色與金黃色的兩種壁紙來設計，走過了黑色與金黃色的長廊之後，人們第一眼看見的便是一個個陰森感十足的棺材，特別是吧檯那兒的酒櫃，也是由三副棺材所組成，而店面四周牆壁上還掛了許多花圈，不知道的人都會以爲自己誤闖別人的靈堂呢！

其他像是燈光的設計更是配合得十分絕妙，陰沉的紫光與綠色霓虹，再加上偶爾從音箱傳來的淒涼樂聲，更是使人毛骨悚然。

描述到這兒，想必許多人都會這麼想：「這麼可怕的地方，怎麼會有人去呢？」事實上，就是有很多人愛這樣鬼魅陰森的場所，在好奇心的驅使以及追求刺激的作用下，「棺材酒吧」幾乎每天坐無虛席，其中還有許多人不遠千里到這兒一遊，目的就只爲了到「棺材酒吧」來見識一下。

酒吧老闆爲了迎合人們的好奇心理，特別設計了一系列的骷髏狀酒具，以及別出新裁的雞尾酒名，像是「吸血鬼之吻」、「魔鬼」、「殭屍」……等等。小創意創造大商機，這是棺材酒吧的成功之道，它滿足了人們的好奇心，更讓消費者能直接參與老闆的創意與趣味，當然能夠天天客滿了。

類似「棺材酒吧」的創意在世界各地都有成功個案。無論是以監獄爲主題的餐廳，還是以同志爲主題的酒吧，目標都是鎖定並強化了消費族群的獨特性與唯一性，進而達到刺激消費的目的。

這些都是以我們生活周遭「非常態」的事物來吸引人們的目光，業者加強了其中的與眾不同感，也直接強化了人們對這些事物的好奇心與玩興，當然也刺激了人們一探究竟的動力。

生活處處都有商機，所有的創意都可以從生活中找尋。只要從滿足社會需求，或刺激消費者的好奇概念裡構思，都能輕鬆找到財源廣進的絕佳創意。

別擔心你的想像太過大膽，更別害怕你的創意太過前衛，儘管當個開路先鋒，開始時總會有些阻礙，但是別忘了人類發展的一個要點：「未來的潮流經常是前人的前衛思維中延伸出來的！」

適時瘦身也是保全企業的手段

當面臨生死存亡，進行裁員無可避免，只是不可過於蠻橫，應顧及員工應得福利以及自尊，給予基本保障。

一九九三年四月一日，葛斯納正式就任ＩＢＭ總裁，他清楚知道公司的營運狀況並不好，所有員工也都在為可能保不住的飯碗發愁，擔心下一個被裁員的就是自己。

為了穩定局勢，他在上任的第五天擬了一封公開信，以誠懇的語氣向每一位員工保證，雖然轉虧為盈的計劃難免會傷害一些人，但他會盡全力緩解痛苦。

這一封於四月六日發出的信中寫道：「你們多年來效忠公司，若是到頭來反被定義成不必要的『冗員』，怎麼可能不感到傷心憤怒？我知道這對大家來說有多痛苦，但裁員是讓公司經營下去的唯一選擇。我只能在此向你們保證，將盡一切可能儘快地度過這個痛苦時期，好讓我們再次看見光明未來，並期待著重建這個企業。」

葛斯納的話並不能讓ＩＢＭ的員工完全放心，但至少認清了現況，也明瞭公司確實別無選擇。正如他自己所說：「九〇年代給予我們的啟迪，就是知道世界上任何地方的任何一家公司，都不可能保證不辭退任何一位員工。那是不切實際的空頭支票。」

但是他也知道，必須暢通與員工的交流管道，盡可能讓大部分人理解他的坦誠態度。當然，大規模裁員已不可免，但至少使有幸留下的員工覺得渡過了一個存亡關卡，拿出活力精神重新奮鬥，無憂無慮地貢獻自己。

「我們可以肯定地對客戶、員工和股東說，ＩＢＭ公司不是只一味裁員，事實上，最壞的時代已經過去了。」

在大規模裁員終於結束後，葛斯納這樣說。

一旦下定決心重組ＩＢＭ公司，就沒有什麼能夠阻擋他的決心。創始人老湯瑪斯．沃森和他的兒子早已去世，但他們留下的影響——尤其是老沃森所帶來的影響仍然根深柢固。

不可否認，這父子倆創立並設計的企業文化是ＩＢＭ鼎盛時期的支柱，但也正是因爲其後日益變形，遭到徹底扭曲，而使ＩＢＭ走向衰弱。

葛斯納知道，改變企業文化並非易事，因爲多年來它已經如強力膠一般滲透，將公司與員工緊緊結合在一起，但他同時也知道，要想重振旗鼓，就非得打破舊企業文化不可。一九九三年七月二十七日，ＩＢＭ裁減三萬五千名雇員，使人數由巔峰時期的四十萬六千大幅下降，且預計於一九九四年底，將把人數再降到二十二萬五千人。

葛斯納執意摧毀那些已在公司建立起來的舊勢力。「不能有政治家。」他說：「所有玩弄權力或食古不化政治家都應該被解雇。」

爲了貫徹自己的觀點，他採用了另一種戰術——殺雞儆猴，公開處分幾位不願配合執行新計劃的高階部屬，其中甚至包括親兄弟，迪克．葛斯納。

許多人都覺得兄弟同在一家公司可以互相照應，可事實不然，兩人都覺得處境無比尷尬。葛斯納身爲總裁，領導著整間公司，迪克不但是他的部屬，更是最了解他的人，卻有可能因此捏不準分寸，無法以員工身分與他適切相處。此外，葛斯納不喜歡他的兄弟在身邊——儘管彼此私下感情深厚，但是他想有一個好的、沒有障礙的開端，而迪克明顯擋了路。

新官上任，葛斯納計劃讓ＩＢＭ趕快振作起來，像迪克一樣的人必須離開。無論所做的決定多麼痛苦，葛斯納仍絲毫不動聲色，表現出非得帶給ＩＢＭ新生命的堅定決心。

大衆普遍認爲他鐵石心腸、頑固，爲達目的不惜犧牲親兄弟，是個標準的野心家，甚至混蛋。對一切指責，他毫不在意、照單全收，只因知道自己的目標與眼界不止如此。

如果不以最嚴肅的態度對待這場危機、這場戰爭，未來將有更多的人被作爲靶子推出來示衆，而犧牲斷送的，將是ＩＢＭ的企業生命。

當面臨生死存亡，企業機構往往必須壓縮開支和精簡人力，進行裁員無可避免，只是方法不可過於蠻橫，應顧及員工應得福利以及自尊，給予資遣費等基本保障。

解雇員工是痛苦的，但又有其必要性。若是解雇背叛公司或庸碌無爲的人還好說，怕就怕得解雇一些頗有年資輩份的老職員，這就需要勇氣和謹慎，坦誠以對，並慎選適當時機。

有所得必有所失，行走在通往成功的道路上，絕對免不了受傷害或做出犧牲。要想克服難題，就不要被太多外物規範限制，做到不偏私、不手軟，果斷乾脆，才有可能以最快速度，贏得成功。

以感官刺激帶動銷售業績

無論做任何事、進行任何計劃，都應該要按階段劃分，訂立近程、中程、遠程目標，穩紮穩打，步步為營。

澳大利亞的首都雪梨，是一個擁有舉世聞名歌劇院且日益繁榮的大都市，同樣就在這裡，培育出許多知名人物，其中包括在澳洲大衆傳播市場上稱霸的梅鐸。他不僅展示了過人才幹，更使整個世界都認識了他。

當梅鐸來到雪梨時，新聞業正被三大集團主宰，包括費爾法克斯家族、派克家族，以及相對勢力較小的諾頓家族，擁有《鏡報》與《星期日鏡報》。

一九五八年，費爾法克斯買下了諾頓所經營的報紙《鏡報》與《星期日鏡報》，主要是爲了不使它們落入墨爾本論壇集團之手。

梅鐸雖有心往傳媒領域發展，卻也深知雪梨在地勢力的排外意識很強，因此秘密地委託一位名叫約翰·格拉斯的商人，以極高價錢買下一家名叫《坎波蘭報》的報社，該公司每週發行量約有四十萬份。

由於保密功夫做得極好，直到整樁交易完成之後，人們才恍然發現幕後眞正的買主是梅鐸。

事實上，梅鐸的志向不止於此，想要購買的是發行量更高的大報，正好當時費爾法克斯集團總裁亨德森因爲經營不善陷入危機，於是在一九六〇年把《鏡報》賣給了梅鐸。

之所以做出這個決定，是因爲亨德森打算把資本投入到雪梨的「七頻道」電視台，而且根本沒有把梅鐸放在眼裡，認爲他在接管虧損的《鏡報》後必定很快就會破產。

然而，事實證明亨德森錯了，梅鐸開始幫《星期日鏡報》改頭換面，刊登大量的美女照片，發表充滿性暗示和情色意味的文章與報導，從此《星期日鏡報》搖身一變，成了刺激、煽情與粗俗的代名詞。只要一翻開報紙，怵目驚心的大標題立刻躍入眼簾，例如「入浴時被偷走衣服的女人」、「赤身裸體登上巴士，震驚全雪梨」……等等。

《星期日鏡報》的一百八十度大轉變，果眞讓它迅速成爲全雪梨的焦點，銷量大漲，取得空前成功，但梅鐸也因此遭到衛道人士的譴責。

相較之下，《每日鏡報》比《星期日鏡報》安分得多，儘管無情、殘忍，但它主要是在追逐政治和社會新聞，也曾以大版面分析美國和英國大選情勢。這份報紙努力地效法倫敦《每日鏡報》，展現清新、敏捷、明快、犀利的風格。

梅鐸苦心經營《鏡報》的眞正意圖，是攻佔雪梨的電視媒體，他深信若能擁有商業電視台，就等同得到一台「自動印鈔機」。但這計劃進展得並不順利，雪梨的廣電委員會不願把經營許可證發給梅鐸。

梅鐸並沒有放棄，他決定以迂迴方式進攻——從郊區打入雪梨。他選定雪梨南方的小鎭「臥龍崗」當基地，買下一家正陷入困境的電視台「WIN4頻道」。

照理來說，雪梨南面地區都能收看「WIN4頻道」，只需調整天線，但事情沒這麼簡單，因為壟斷者派克與費爾法克斯的封殺——他們都禁止經銷商把節目賣給這家電視台。

不過，這難不倒梅鐸，他立刻和任職於美國廣播公司（ＡＢＣ）的朋友李奧納多．戈德森連絡，然後直飛美國進行洽談交涉。

當時，澳洲所有電視公司都遵守一項君子協定：無論購買多熱門的節目，每小時付費絕不超過六千美元。梅鐸卻不吃這一套，坦白地告訴ＡＢＣ公司，他要撕毀這項協定，將支付鉅款一千萬英鎊，購買ＡＢＣ所發行、總長兩萬五千小時的各式節目。

為了證明自己的誠意與實力，絕非玩笑，梅鐸並當場支付了ＡＢＣ公司五百萬美元。

回到雪梨後，梅鐸公開向派克、費爾法克斯宣戰，聲明將不再理會、遵守他們之間的任何協定，以及對「ＷＩＮ4頻道」施加的壓力與限制。

隨後，又在《鏡報》公開刊登廣告，大力宣傳「ＷＩＮ4頻道」。

因為靈活的戰略運用與驚人氣勢，梅鐸獲得了成功，派克與費爾法克斯家族最後決定選擇和解，放棄戰鬥。

無論做任何事、進行任何計劃，都應該要按階段劃分，訂立近程、中程、遠程目標，穩紮穩打，步步為營。梅鐸的成功，始於改變《星期日鏡報》的形象，藉刊登美女照片與聳動新聞，大幅提升銷量，繼而再為《鏡報》確立路線，區分出不同的讀者群，用兩種風格截然不同的報紙將之一網打盡。

接著，採取迂迴戰術，由邊陲地帶進攻，甚至不惜打破同業間的所謂「默契」，直到累積足夠實力後，一舉爆發，逼得對手只得投降。

由此可知，沒有周密的戰略搭配，再大的野心也只是空想。

從冒險中發現成功的捷徑

千變萬化的複雜市場取代了靜止不變的傳統經營模式，經營者的每一項決策、每一次行為都蘊含著成功的希望，以及失敗的可能。

旅美華人譚仲英生於上海，一九五〇年初移居香港，隨後留學英國。

一九五四年，譚仲英進入一家鋼鐵公司工作，從此以後，便與這個領域結下了不解之緣。

一九八〇年，他買下了在美國煉鋼業中排名第十一的麥克羅斯鋼鐵廠，一九八一年，他已在全美擁有二十個與鋼鐵相關的企業，所經營的公司，資產達十億美元以上。

譚仲英經營管理成功的秘訣，就在於敢於冒險，敢爲他人所不敢爲的作風，以及膽大心細，善於見機行事的應變智慧。

在美國這樣的社會，商場競爭尤爲激烈，就跟戰場一樣，沒有完全無風險的生意。翻開譚仲英的創業史，可以看出他的確是一個敢於冒險，敢於投注資金購買倒閉公司和工廠的能手。不管其中冒險的成分究竟多少，隱藏在大膽作風的背後，必定是精心的謀劃。

他絕對不只是個頭腦簡單、莽莽撞撞，有勇無謀的冒險家。

譚仲英不僅敢冒險收購即將倒閉的工廠，而且更善於經營管理，能使瀕臨破產的工廠轉虧爲盈，隨後再以高價賣出，做更大的投資。對這種拿得起，放得下的作風，他的朋友威廉．馬克曾這樣進行評價：「譚仲英總是在葬禮上買下公司，而在婚禮時將它脫手出賣。」

就在這一買一賣的進出之間，展現了所有的精打細算。

在資本運作上，譚仲英也表現出膽大心細，見機行事的風格。每收購一家即將倒閉的公司，他會立即作爲抵押向銀行爭取相當的貸款，再收購第二家公司，然後又如法炮製取得貸款收購第三家公司……如此不斷地發展，終於坐擁二十家鋼鐵相關企業，躋身美國知名企業家行列。

從一九六四年建立第一家屬於自己的鋼鐵公司，到一九八〇年代成功稱霸美國鋼鐵業，富有冒險精神的譚仲英仍保持不自傲、不滿足，追求更高遠境界與夢想的態度。

若非敢於冒險的精神在背後推動，他不可能以短短幾年時間便讓自己旗下事業如此驚人茁壯，成為美國數一數二、令人讚嘆的私營企業。

他的成功，充分顯示了心機、冒險，成就為不可分割的整體，可謂敢冒險者，英雄是也。

勇於冒險，敢作敢為更敢當，不但是強者的表現，更是成功者的性格特徵。開創性的工作總是充滿風險，只有敢於冒險的人，才能在風險來臨時毫不畏懼；只有敢於開拓道路、追求夢想的人，才能取得常人無法企及的成就。

在風險來臨時膽怯的人，不敢去做前人未嘗試的事，不敢去攀登前人未曾挑戰的高峰，當然也不會體驗到冒險的刺激與成功的喜悅，結果必定無所作為，甚至為時代潮流所拋棄。

但必須釐清的是，冒險不等於莽撞，相反的，更必需具備謹慎的態度。唯有拿出謹慎的態度，跌倒受傷的機會才能少，但若是過分謹慎，不敢行動，也會從而錯失大好良機。

上帝從不吝惜賜給每個人機會，但就如美麗的玫瑰花帶刺一樣，機遇總是伴隨著風險，所以儘管成功的企業家多半性格謹慎，但也絕不欠缺冒險嘗試的勇氣。

冒險和成功往往相伴，更為面對競爭所必經。時代不同了，千變萬化的複雜市場取代了靜止不變的傳統經營模式，經營者的每一項決策、每一個行為都蘊含著成功的希望，以及失敗的可能。若是過分注重謹慎，那麼毫無疑問將感到寸步難行，終究一事無成。

有長遠的目光，成就必定輝煌

應把眼光放在長遠的事業經營，而非盲目地奪取蠅頭小利並自以為滿足。將好的品牌作正確延伸，收穫必將不可限量。

小組織也能立大功

逆境與挑戰不會停止，想要生存，想要戰勝強者進而成為強者，就別停止改變自己，更別停止追求更上一層樓的腳步。

開業不久，京都製陶公司就接到了松下電子顯像管零件U型絕緣體的訂單，數量相當龐大。京都製陶能在創業第一年就獲得盈利，全靠這筆U形絕緣體的訂單，但與松下電子做生意也絕非易事。

松下電子已是商場的老大哥，對京都製陶這個新兵自然不會手軟，也不會給多少好臉色。看到京都製陶經營得不錯，不但接下來每年都提出降價要求，甚至要求對方交出年度結算資料表，好看看究竟從中獲利多少。

眾人皆知，生意人都是逢人只說三分話，背後必定留一手的，現在松下電子竟敢要求京都製陶提出結算資料，簡直就是欺人太甚。

「你們的利潤太高了吧！再讓一步怎麼樣？」

「一般的管理費用根本用不了這麼多，我看價格還可以再降三%。」

松下電子無孔不入，千方百計地要求將已經相當低廉的價格再往下調降。很快的，京都製陶發現如此將無利可圖，於是拿出摻了水的結算書懇求說：「我們已經是赤字了，請務必多多包涵，非但不能再降價，還希望能高抬貴手，把價格往上提一些。」

松下電子採購部門人員抓住京都製陶的心理，自恃對方不敢輕易得罪大客戶，馬上還以顏色道：「這樣的話，你們就不用交貨了。」

這句話傳回去後，簡直氣炸了京都製陶公司，員工們大罵松下電子是「魔鬼」，公司總經理稻盛和夫則感到非常奇怪，難道有其他競爭者願意提供更低廉的產品？

經過再三考慮，他決心把價格再降一點，於是向松下電子提出只拿五%適度利潤，但對方毫不讓步，仍然堅持要調降到三%。

這一回，稻盛和夫不得不深思了。問題究竟出在哪裡？

他從中領悟到，與其求人施捨，不如自己爭口氣，立刻決定集合部下，召開緊急會議。「別再怨天尤人了，一切的一切，歸結起來就只在市場價格與成本上。只要有其他公司原料的價格更少一塊錢，就說明了我們努力不足。所以，成本必須要調降！今後，禁止技術人員停留在紙上談兵，要知道，爲降低成本付出的努力，絕對沒有盡頭！不要再說『這樣已經可以了，很不錯了』之類的話。」

爲強化員工的成本意識，京都製陶建立起一套「變形蟲」管理方式——將公司內部分爲一千多個「變形蟲」小組，包含上下一萬三千名員工，每人都從屬於自己的「變形蟲」小組，每個小組約由十二、三人組成，當然這只是平均值，還是會視實際狀況調整。

然後，稻盛和夫組織了一套以「變形蟲」小組爲單位的獨立核算體制。每個小組都要算出原料的採購、設備折舊、消耗、房租等各項費用，然後根據營業額和利潤，計算獨有的概念——「單位時間附加價值」。

簡單來說，作業程式從前一個小組買入材料開始，扣除其中所耗費用後，再根據把加工後產品賣給下一個小組的銷售額，計算出利潤，加以平均，就可以得出每位員工在每單位時間內所創造的附加值，這就是「變形蟲」小組的構成方式與意義。

每個小組採購半成品的費用都按一般市場價格計算，向下一個小組賣出的價格也同樣按照市場狀況決定。公司會按月公布各小組每單位時間內的附加價值、當月經營狀況、各組員及小組所創造之利潤及其占公司總利潤的百分比等等，所有資訊一目了然。

員工們對這種管理方式感到相當新鮮，紛紛投入制定每日或每月目標，並為達到這些目標而絞盡腦汁謀求辦法，改進自己的工作品質與態度。

「變形蟲」也讓管理變得透明化，哪個小組的營業成績不理想，全公司上下都知道，且小組也將被立刻重組。

因此，京都製陶公司的人事變動非常頻繁。

「變形蟲」管理還有一大優點，就是讓公司直接掌控生產活動與產值，透過數字把握內部日常活動狀況或生產動態，如原材料、經費的上升，庫存的增加，小組負責人的經營能力等等。不論哪個部門效益上升或下降，都能立即判明，以迅速採取對策。

小組成績當然有高低之分，有附加價值很高的，也有根本不值一提的低收益，但公司並不因此在工資、獎金上給予差別待遇，對成績優異的小組只是給予公開表揚，頒贈紀念品等等。

京都製陶始終堅持只給予員工精神、社會性的獎勵與榮譽，這樣做反而更刺激每位員工的上進心，使他們積極主動地投入工作。

施行計劃之前，曾有許多主管表示擔心，組員們會不會為了爭取利潤，而在交涉價格時發生糾紛？如果彼此競爭過度激烈，又該如何維繫公司內部的公平和團結？

對此，稻盛和夫倒顯得老神在在，相信員工是正直的，必定知道分寸，他也經常組織員工，增加相互切磋的機會，提升小組與小組間的瞭解與合作，以避免不正當行為，使「變形蟲」式管理發揮正向機能。

弱者的眼淚無法在商場上博得同情，要想得到別人的認同與尊重，就該拿出眞本事。京都製陶公司的武器，就是獨一無二的「變形蟲」式管理。

「變形蟲」式管理一方面建立員工的成本意識，強調單位時間附加價値；另一方面又注重提高人的素質。兩者相輔相成，因而得以發揮公司的最大潛能與眞正作用。

有許人說稻盛和夫高明，其實，我們更該留意他展現高明的時機——那是被逼出來的。沒有松下電子這個得寸進尺毫不客氣的魔鬼，哪能誕生後來京都製陶獨樹一幟的管理妙方呢？

逆境與挑戰不會停止，想要生存，想要戰勝強者進而成為強者，就別停止改變自己，更別停止追求更上一層樓的腳步。

別怕改變，眞正該害怕的，是甘於逆來順受、永遠不變。

速度掌控生命的強度

「快魚吃慢魚」，這是思科企業總裁錢伯斯的名言，一針見血地點出了「速度」的重要。

二十世紀六〇年代初，香港人劉文漢在一次與朋友的談話中，意外得知假髮目前在美國很有市場。

經過深入瞭解，他發現美國的「假髮熱」之所以興起，有其深刻的社會原因。當時，黑人反種族歧視、爭取平等的鬥爭，與聲勢浩大的反越戰學生運動，匯集成一股巨大潮流，衝擊整個社會。動盪不安的情勢下，出現了以長髮為標誌的一些「嬉皮」，使戴假髮成為當時的時尚。來自美國市場的龐大需求，無疑給假髮製造業開創出前所未有的商機。

在確定假髮市場確實擁有廣闊前景後，劉文漢立即開始調查製造假髮的原料來源和製作所需設備、人工、技術。當時，香港有人利用印度和印尼進口的眞髮製成各種假髮，成本相當低廉，售價卻高達三百港幣。

劉文漢在經過一番估量後，做出重大決策，決定在香港創辦「假髮」工廠，全力進軍美國市場。

可是，當時香港沒有一家生產假髮的工廠，劉文漢本身對這一行也完全不懂，於是請來專門替粵劇演員製造假鬚假髮的師傅，並對傳統的假髮製作程序進行現代化改造，大手筆購進相關最新型機器和原料。

終於，第一批假髮被生產出來了。當劉文漢充滿自信地向美國連卡佛公司展示成品，連卡佛公司的高級主管全都驚訝得不敢相信。在此之前，香港還沒有一家具規模的假髮製造廠，所以美國進口的假髮大多數是委託法國工廠製造。

連卡佛公司對劉文漢工廠所生產的假髮非常滿意，當即和他簽訂合約，每月進貨一百頂，每頂價格爲五百港幣，僅達法國同類製品的三分之一。

第一炮打響後，消息不脛而走，訂單隨即如雪片似飛來，劉文漢很快就成了當地的知名富豪。

一年以後，香港出現了三百家假髮製造廠，雇用工人數千名。在一九六〇以降的十年裡，香港假髮出口總值高達十億港幣，居所有出口製品的第四位，劉文漢也因而擁有「假髮業之父」的美稱。

從起步到成功，劉文漢所花的時間相當短，簡直如同一步登天。看完這個故事，你是否已經找出他的秘密致勝法寶？

其實很簡單，那便是「速度」。

錯身而過的機會很多，快速伸手抓住它才是唯一上策。

戰場上，勝負往往決定於速度快慢以及行動效率的高低，而在商業競爭中，效率也是衡量成功與否的主要標準。

優秀的企業不僅專注於提升商品生產，在技術革新和人才引進上，更要具備高效率，將「快、狠、準」的精神貫徹到底。

一個優秀的企業，必須明白速度決定生存，必須抓住市場中一切可能機會，全力以赴地行動，才能獲得生機蓬勃的發展。

「快魚吃慢魚」，這是思科企業總裁錢伯斯的名言，一針見血地點出了「速度」的重要。

所謂速度，主要所指是對市場改變做出因應的速度，包括了產品開發、市場推進、危機處理、創新經營等等。

今日，由於技術發展的加快與競爭加劇，市場變化之快已經超過以往任何時候，尤其網路經濟的發展更令人感到目不暇給，因此，不管企業規模是大或小，只要拿不出跟上時代的速度，就注定難逃失敗厄運。

效率，是衡量成功與否的一個主要指標。

有長遠的目光，成就必定輝煌

應把眼光放在長遠的事業經營，而非盲目地奪取蠅頭小利並自以為滿足。將好的品牌作正確延伸，收穫必將不可限量。

一九二八年，華特．迪士尼構思出了「米老鼠」（Mickey Mouse），一個甫出世就大受小朋友歡迎的卡通人物。

「米老鼠」風靡全國，成爲家喻戶曉的卡通人物，受歡迎的程度可以用史無前例來形容。它成爲迪士尼的財源，公司產品最好的廣告代言人，凡是印有米老鼠圖案的產品，幾乎都能大大暢銷。

每個人幾乎都知道米奇是誰，它不單是孩子們的好朋友，更成爲迪士尼公司一棵無可取代的搖錢樹。

二十世紀三〇年代，當時好萊塢放映的都是無聲電影，劇中人不能發出聲音，只能靠著字幕或旁白把意思告訴觀眾，但受到影音技術限制，影像和聲音間總存在著誤差，難以完全協調。

洛杉磯的好萊塢雖是電影王國，但論到聲音配合的效果與技術，卻以紐約較佳。迪士尼公司拍攝的第一部米老鼠故事《飛行狂熱》還是無聲電影，但在籌畫推出第二部故事《威利汽船》時，便計劃爲它加上聲音，搭配對白。

起初，他們嘗試自己進行，但配出來的聲音效果不好，反倒破壞影片品質，最後華特．迪士尼決定把片子帶到紐約，請專業配音公司幫忙。

經過一番努力，有史以來第一部有聲卡通《威利汽船》問世了。迪士尼本打算在配音完成後，便將片子拿回加州上映，但紐約曼哈頓一家電影院卻想先睹爲快，於是搶先以每週五百美元的價格租下片子。

《威利汽船》的首映，成爲一宗極受注目的娛樂新聞，非但媒體爭相採訪，影藝界名人也連袂前往觀看，迴響頗佳，票房更是一路長紅，美國各地的電影商人這才注意到這齣卡通，相繼與迪士尼公司簽下租片合約。

米奇的成名，使迪士尼公司賺進大把銀子，聲譽傳遍全美。可以這麼說，造型可愛的米老鼠絕對是帶來發達的一大功臣。

其後，受米老鼠成功的啓發，迪士尼又接連構思出其他動物角色以搭配，包括同樣知名的壞脾氣唐老鴨、笨拙的高飛狗等等。

一九五二年，華特．迪士尼公司正式成立，以米老鼠的形象作爲標誌。

打從二十世紀三〇年代開始，華特．迪士尼便時常在思考這樣一個問題：公司推出了這麼多大受歡迎的卡通片，成功創造出米老鼠、唐老鴨等一大批家喻戶曉的卡通角色，但除了製作影片以外，還有沒有別的辦法讓它們再一次展現商業價值呢？

有人提議把米老鼠、唐老鴨製成各式小商品，量化生產後批發給商販。華特．迪士尼覺得這個提案雖然不錯，但畢竟不是長久之計，能不能建立一個前所未有，涵括所有卡通角色的神奇樂園呢？這應該會是個新鮮有趣且成功率相當高的好主意。

他興高采烈地把這個夢想告訴了哥哥羅伊，誰知羅伊的反應卻非常冷淡，只平靜地問：「要完成這項工程，需要投入多少資金？」

「至少一千萬美元。」

羅伊臉色一變，立刻大表反對：「進行這樣大的工程，等於拿整個迪士尼公司去冒險。成功固然好，但要是失敗的話，就只有等著宣告破產。」

羅伊的話不是沒有道理，但華特不想就此放棄這個美麗創意，因爲他知道，凡是好的點子必然能帶來高額利潤。

下定決心後，他變賣了自己的家產，並在部分廣播電視傳媒的贊助下，於一九五四年開始了在加州興建樂園的計劃。

既然決心要進行這麼一個大工程，就一定要把它做到最好！以此爲信念，在動工之前，華特便已經收集到許多來自不同對象的建議與情報。據說在樂園籌建初期，他曾派四名職員周遊全美，考察各大知名遊樂園，並廣泛徵集人們對修建迪士尼樂園的意見。

然而，四位職員帶回的一致意見都是「太狂妄了」，許多遊樂園老闆甚至還挑明地說：「醒醒吧！不開設驚險的跑馬場，不搞點刺激的邪門歪道，光憑卡通角色，要想成功根本是癡人說夢。」

確實，開跑馬場、賭場，搞點能夠譁衆取寵的邪門歪道，是最快塡滿荷包的方法。但華特不屑於這樣做，依然認定創建樂園會帶來可觀的效益，因而堅持著自己的夢想。

要把樂園建成一個能吸引人的地方，必須有獨一無二的風格。正如在製片上總追求融入理想那樣，在樂園的建設過程中，華特也同樣力求開創特色，他的理想是「寓科學知識於娛樂遊玩之中」，因此迪士尼樂園沒有爲了順應潮流而放棄自身特色，反而力求貼近生活。

迪士尼樂園由數個主題樂園所組成：第一部分「美國大街」，是根據華特孩提時代見過的街道所修建，嘗試把古老美國展示在每一位參觀者面前；第二部分「未來世界」，展現的是未來可能出現的神奇景象，既有科學根據，又滿足了想像；第三部分「冒險世界」則布滿驚險景物，能讓所有喜歡探險的人大呼過癮；第四部分「幻想世界」運用現代科技，設計出一片光怪陸離的幻境，讓人們親臨迪士尼影片中描繪的奇特秘境，體驗超現實的享受；第五部分「邊域世界」，成功再現了美西豪放奇特的風土民情。

此外，園內尚設有「米奇卡通城」、「動物王國」……絕對足以令大人小孩流連忘返。

華特看好先進的科技設施，捨得花大錢投資，因而來到樂園的每一位遊客都可以從中學到不少科學知識。

迪士尼樂園中的每項設施，都盡可能利用上最現代化的技術，並進行定期維修與更新，以求安全，並達到「寓教於樂」的目的。

樂園竣工時，正逢華特和妻子薇薇安的三十週年結婚紀念日。他們廣發請帖，邀集上百位賓客，參加一九五五年七月十三日下午六時舉辦的「光陰似箭慶祝會」，加州迪士尼樂園也終於正式向衆人開放。

在接下來七週的時間，估計有超過一百萬人次來到迪士尼樂園，大幅超越原來的估算。相對的，迪士尼系列節目與產品也受到大衆熱烈歡迎。

後來，華特又爲樂園增加了高空小火車，水下潛艇與滑雪橇等遊樂設施，讓每一位蒞臨的遊客都流連忘返。

創出米老鼠、唐老鴨等角色，展現了華特．迪士尼的不凡，但他眞正的過人成功，來自於懂得進行「跨界延伸」，將眼光放在長遠的事業經營，做整體通盤計劃，而非盲目地奪取蠅頭小利並自以爲滿足。

毫無疑問，他成功了，即便在早已作古數十年後的今天，華特．迪士尼依舊爲人所懷念，迪士尼公司依舊在好萊塢電影界佔有一席之地，世界各地的迪士尼樂園也始終是大人小孩心中充滿夢想的歡樂國度。

將好的品牌作正確延伸，收穫必將不可限量。

善待員工，才能邁向巔峰

無論該公司資金多麼雄厚，或是企業體多麼強大，一個不懂得珍惜人才的經營管理者，最終都會從極盛跌落至谷底。

因爲彼此間分工合作的關係，也因爲身在同一艘船上的共體關係，在同一間公司裡，管理階層與執行階層其實地位均等。

對公司來說，每一個員工都與領導者一樣重要，沒有人可以被否定。一旦太過忽略他們，或不捨得把充分授權，恐怕很難爲公司守住人才。

在日本的遊戲機市場上，世嘉公司的市場佔有率高達百分之四十。

世嘉的經營方式之一便是在研製遊戲機時，只專注於發展自己的遊戲研究部門，這是其他公司最忽視的地方。

日本的遊戲機公司對於企業中的人才並不是很珍惜，因爲他們把各種障礙和限制全堵在人才的面前，不僅侷限了所有研發人員的發揮空間，更導致他們因爲處處受制而急於出走。

反觀世嘉的經營管理者做法截然不同，不僅提供了研發人員一個遊戲試玩區，對於公司裡的設計工程師更是尊重，不但重金禮聘軟體設計師，更讓他們充分發揮自己的特長。

這些優點讓不少坐困於其他遊戲公司的開發人才心動不已，因此爲世嘉遊戲公司拉攏了不少研發奇才，像某個公司一位副總裁在年前辭職後，便立刻被世嘉公司重金禮聘延攬入門。

對企業來說，最重要的不是商品而是人才，因爲商品也得由公司內部的人才研發，一旦研發部門的人才短缺，或是員工們的向心力不足，無論該公司資金多麼雄厚，或是企業體多麼強大，一個不懂得珍惜人才的經營管理者，最終都會從極盛跌落至谷底。

從世嘉公司的制度中，我們看見一個禮賢下士的經營者的謙卑態度，更看見了他們給予員工們發揮天分的寬廣空間。

人才最需要的就是發展空間，一個只懂管制度嚴正與否，而不懂得分享的經營者，很難得到員工的向心力，更難奢望員工的賣命付出或是全力以赴的回饋。反之，管理者若能像世嘉公司的經營態度一樣，讓員工們能充分發揮他們的能力，並懂得珍惜人才，禮遇賢士，即便起步艱辛，他們也願意犧牲一切，扶助公司直達成功高峰。

讓科技成為輔佐的助力

除了配送，先進的電子通信系統對成長和成本的控制也同樣功不可沒。這就是由科技可以得到的利潤，由科技可以帶來的力量。

隨著一手創立的沃爾瑪（Wal-Mart）超市不斷擴張，時間跟體力都不已容許山姆按自己的意願到每家店裡去轉轉，因此，爲了有效掌控，就要充分利用現代化科技的威力。

沃爾瑪公司的電腦網路化建置在一九七七年完成，除了可處理工資發放、顧客資訊和訂貨送貨等業務，更使公司總部與各分店及配送中心之間的溝通更形直接快速。

一九七九年，位於總部的第一座資料處理和通信中心落成，雖然面積只有一千五百平方公尺，但卻使整個體系龐大的公司實現了電腦網路化和全天候保持聯絡暢通的理想。

這時公司總部與各分店之間的通信，主要還是依靠傳眞和電話，對此，新上任的執行主管舒梅克感到不太滿意，覺得速度還是太慢。

該怎麼辦才好？有沒有再進一步提升的辦法呢？

靈機一動，舒梅克忽然想起「人造衛星」，於是立即送上一份計劃報告書給山姆，其中有一句話是這樣寫的：有了衛星系統，您就可以坐在總部的攝影機旁，說出心裡的想法與計劃，並透過電視螢幕，傳送到全國所有沃爾瑪加盟店的雇員眼前。

對這樣的前景，山姆確實感到濃厚興趣，但他仍保持著冷靜，提出一個十分尖銳的問題：「這套系統能不能幫助我們把錢再賺回來？」

確實，投資需要非常大的一筆錢，但舒梅克的立論是很有說服力的。

「公司變得越來越大，涵蓋範圍越來越廣，死守原有的一切會讓我們的運營變得更慢、更複雜，也更昂貴。」

「但是，我所需要的是利潤。」

「沒有速度又怎麼可能得到利潤呢？這種投資將帶來超乎想像的收穫。」

在舒梅克的極力勸說下，山姆終於動心，在八〇年代初期，與休斯公司合作，花費兩千四百萬美元造了一顆人造衛星。

儘管已經有心理準備，這筆巨額開支還是令山姆無比震驚。

「花了兩千多萬美元，只爲了一顆衛星？」

「放心，我們會很輕鬆地把它賺回來。」舒梅克保證道。

一九八三年，衛星發射升空。但在最初的兩年時間，並沒有收到太顯著的效果，套一句舒梅克的話：「山姆氣得幾乎要宰了我！」

不過，一段時間過去後，衛星的功用逐漸發揮出來，此時連山姆也不得不承認衛星存在的必要，轉怒爲喜。

隨著分店的擴張，總部的電話線路已經無法負載每天像潮水一般湧進的各式消息與匯報，經常處於嚴重堵塞狀況，人造衛星的存在則正好解決了這個難題。越能儘快得到所需的資料，就越能儘早做出應對決策。

最後，山姆忍不住衷心稱讚說：「這個系統是我們所擁有最棒的工具、最大的優勢。現在，每家大型零售連鎖公司都有了人造衛星，但沃爾瑪畢竟走在了最前頭。」

常常可以看到這樣的景象：山姆自豪地站在總部的衛星通信室裡，技術人員們則坐在電腦螢幕前，邊調閱資料邊用電話跟旗下的某一家商店進行聯繫。只要在這裡看上一兩分鐘，就可以瞭解一整天的銷售情況，查到當天信用卡入帳的總金額，以及任何區域的任何一家商店，當日任何商品的銷售數量，並建立起需保存長達六十五年的庫存記錄。

如果有什麼重要或緊急的事項得通知各商店及配送中心，甚且需要當面宣布，山姆本人或其他主管可以立刻前往攝影棚，然後將談話與影像透過衛星傳送至各地。

每週六凌晨，山姆會前往衛星通信室調閱各方彙整而來的資料，觀看統整後的表格，從中了解上週各地與各項商品的銷售成績如何，爲即將召開的例行經理會議進行準備。

衛星系統讓山姆感興趣的另一個原因，是它具有圖像傳輸功能，能使公司管理層與員工之間建立起面對面的溝通，這便是山姆心中認定的「成功法寶」。每週兩次透過衛星傳輸的節目，被看作是主管們與門市和商店配送中心的意見交流時間，討論內容包括了公司經營問題、交流商品和經營資訊、新產品預告、提出革新建議等等。

當然，電腦網路資訊系統的最主要功能，還是在及時採集商品銷售、存貨和訂貨資訊，保持公司對複雜配送系統的控制。

說到這一點，就不得不再提起沃爾瑪配合電腦網路系統，建立商品條碼技術的又一開創性做法。

雖說今日條碼的使用已非常普遍，甚至連參加奧運會的運動員所佩標識牌也被打上了條碼，要透過機器掃描才可進入比賽場館和居住區，但在八〇年代初期，絕大部分美國商店販售的商品還都沒有使用條碼。

一九八一年，沃爾瑪開始試驗，利用商品條碼和電子掃描器進行存貨自動控制，由公司選定少數幾家商店，安裝讀取商品條碼的設備。

一九八三年，試驗擴大到二十五家店。

一九八四年，擴大到七十家店。

一九八五年，公司宣布將爲所有商店安裝條碼識別系統，當年就又擴及了兩百多家，直到八〇年代末，沃爾瑪終於爲旗下所有商店和配送中心都裝上電子條碼掃描系統。

在對商品條碼的利用上，沃爾瑪同樣憑藉著完善的電腦網路通信設備，遙遙走在其他零售商的前面。

採用條碼可代替大量手工勞動，不僅縮短了爲顧客結帳的時間，更便於利用電腦追蹤紀錄從進貨到庫存、配貨、送貨、上架、售出的全部過程，及時掌握商品銷售和運行資訊，加快流轉速度。

據統計，安裝這一套系統後，在對商品的整個處置過程中，總計節省了約六十%的人力。

商品條碼配上攜帶型掃描器，還可用於控制店內存貨量，因爲透過它們，可以方便地得到最直接的第一手資訊，記錄下種類、數量、進貨價、銷售狀況等各種訊息。

也因爲是直接從貨架標籤上獲得這些資訊，使公司能更快地規劃存貨需求，節約再訂貨過程所需的時間。

八〇年代，沃爾瑪還開始利用電子資料交換系統（ED1）與供應商建立自動訂貨關係，該系統又稱無紙貿易系統，即透過網路，向供應商提供訊息，發出採購指令，獲取收據和裝運清單，同時也使供應商及時精確地把握其產品銷售情況。

到了一九九〇年，沃爾瑪已與超過一千八百家廠商實現了電子資料交換，成爲全美最大的EDI技術用戶。

不只如此，沃爾瑪還利用更先進的快速反應和連線系統代替採購指令，眞正實現自動訂貨的理想。

這些系統利用條碼掃描和衛星通信，每日與供應商交換商品銷售、運輸和訂貨資訊，包括規格、款式、顏色等細節。最快最順利的時候，從發出訂單、生產到將貨物送達商店，總計不到十天。

許多零售公司，包括沃爾瑪的最大競爭對手凱瑪特和塔吉特等，都不願在配送和資訊系統上多花錢，總是陷於被動。沃爾瑪肯花錢，因此雖是賣廉價商品起家、位居小鎮的公司，卻建立起最先進的配送和電腦網路系統，這使得它可以大量降低成本，提高效率，並顯然得到了非常大的功效，在傲人的成功中起了關鍵性作用。

現在，沃爾瑪公司的電腦正追蹤著業務的每一環節，瞭解公司出售的一切商品、每件商品的價錢是多少、該店賺了多少錢、收銀員在結帳過程中花了多少時間、顧客選購後往往還會購買哪些其他商品；供應商還有多少存貨、有多少貨正在運往該店的途中，或仍儲存在倉庫裡……等等。

利用先進的電子通信技術，沃爾瑪的經理們可精確地瞭解這些資料，從而知道如何使商店的銷售與配送中心保持同步，也使配送中心與供應商保持同步。如果沃爾瑪的成功靠的是精確的資料，那麼，使它獲得資料的工具絕對是多年在電腦通信網路上的投資。

除了配送，先進的電子通信系統對成本的控制也同樣功不可沒。考慮到需要

巡視的商店太多，山姆不可能按自己的意願經常性地到每家分店視察，衛星系統的出現等於幫了一個大忙。

即便只是悠閒地坐在總部辦公室，他仍可以對每一位職員發表演說，了解每一家門市的經營現況。

這就是由科技可以得到的利潤，由科技可以獲取的力量。

9 事在人為，發達靠自己

再壞的市場，也有人賺錢；再好的時機，也有人破產。可見本身經營水準的高低，才是決定勝敗的根本。

立足穩固，遲早把敵手收服

市場很大，所以我們更應一點一點的細分，訂定各階段目標，從而步步為營，逐漸擴張，把自己做大。

一九五〇年代，放眼法國巴黎時裝界，可說完全被一片富麗堂皇、珠光寶氣的奢華風籠罩，根本是普通大衆所無力承受。此外，在法國，高級時裝設計製造是一種限制極嚴、地位非常崇高的行業，當時全巴黎僅有二十三家「高級時裝公司」，專門爲貴婦名流服務，非但價格令人咋舌，許多衣服甚至只生產一套。

對於這種主流風氣，名設計師皮爾．卡登卻不表贊同，反倒認爲高級時裝應當放下身段，更「親民」一些，讓大部分消費者都能購買，如此才有長遠穩定的出路，因而設法擴大消費群體可說勢在必行。

然而，憑一己之力，要想自立門戶，甚至扭轉巴黎這個世界時裝之都的風氣，又談何容易呢？

有一天，經過巴黎大學校門前時，一位年輕漂亮的女大學生引起了皮爾·卡登的注意。她雖然只穿著一件平常的連身衣裙，但仍身材線條仍顯得十分優美。皮爾·卡登當下便想，這女孩若是穿上我設計的服裝，一定更加漂亮，足以吸引更多羨慕欣賞的眼光。

這樣的想法帶來了靈感，他馬上聘請二十多位年輕漂亮的女大學生，進行基本訓練後，組成一批業餘時裝模特兒，穿著他設計的服裝，四處展示。

一九五三年，皮爾·卡登在巴黎舉行了一場別開生面的時裝展示會。他所設計的成套服裝不僅式樣新穎，種類繁多，色彩更是柔美鮮明兼具，頗合巴黎人的口味，再加上別出心裁搭配的音樂，以及年輕活潑的業餘模特兒表演，使設計推出的一系列作品更具誘惑力。

正式上市後沒多久，所有產品立即被搶購一空，甚至有人親自登門來要貨，如此驚人的轟動使整個巴黎時裝界為之震驚。皮爾·卡登的名字開始頻頻在報紙最顯眼的位置出現，達官貴人、官太太或千金小姐們不嫌他的門面小，絡繹不絕地湧入。

比預期更驚人的成功使皮爾．卡登大受鼓舞，決心抓住機會，進一步讓時裝成爲大衆化的東西，一種所有人都能夠接觸的流行。

戰後的法國很快走出低靡，經濟迅速復甦，社會大衆的消費能力也隨之普遍提高，呈現欣欣向榮的景況。皮爾．卡登敏銳地從中看出切入點，毅然提出「成衣大衆化」的口號，決心把設計與銷售重點放在一般消費者身上，立志讓更多婦女和男士都買得起、穿得上好衣服。

不管是從社會階級的意義上看，還是從服裝本身的意義上看，他的所作所爲都算得上一個壯舉，堪稱歷史性的突破。

皮爾．卡登曾設計過一套白領的紅大衣，賣給美國梅西（Macy's）百貨公司，並被大量製作，以中產階級負擔得起的價格出售，大獲成功。這次合作的成功經驗給了皮爾．卡登很大信心，確信將自己設計的服裝以大量成批的方式出售，絕對是條能夠致富的成功路。

不久，他便源源不斷地推出了一系列風格高雅、質料剪裁皆屬佳品的成衣。這些物美價廉的服裝深受廣大消費者歡迎，店面天天顧客盈門，熱鬧非凡。與之相反，那些仍頑固守舊不願改變的同行卻生意冷清，顧客寥寥無幾。

「成衣大衆化」在當時是前無古人的妙計，因而達到出奇制勝效果，一舉奪下市場。但它的背後象徵的意義絕不僅如此，事實上，此一革新對整個西方社會的經濟發展、消費結構都同樣產生深遠影響。

皮爾．卡登的大膽，激怒了那些既不敢創新又對他嫉妒不已的同行，他們群起而攻之，說他離經叛道，有傷風化，而後沒多久，竟聯合決議把皮爾．卡登的名字正式從巴黎服裝業協會中開除。

然而，社會始終在前進，那強而有力的步伐又有誰能擋住？唯有守舊落後的思維才會眞正被歷史淘汰。皮爾．卡登設計的服裝並未因同行的排擠而沒落，相反，還在逆境中不斷光大、發展。由於敢突破傳統，式樣新穎又富青春感，色彩鮮明且線條俐落，皮爾．卡登的設計依舊被大衆公認爲經典，仍舊領導著時裝界的最新潮流。

在皮爾・卡登之前，法國時裝設計師向來只將眼光投注在女性身上，根本沒有任何男裝設計作品出現。這幾乎已成了一種不成文傳統，誰都不曾想過去設法嘗試改變。

偏偏有著義大利血統的皮爾・卡登卻不守陳規，在「成衣大衆化」之後，又掀起了一股男性時裝的旋風，在長久以來被女性時裝壟斷的櫥窗裡，掛起充滿陽剛氣息的男性高級時裝。儘管保守人士再一次群起而攻之，皮爾・卡登依舊不爲所動，讓所設計出的男裝再一次漂亮地攻佔市場，獲得令人稱羨的成功，走在潮流尖端，引導時尚腳步。

緊接著，皮爾・卡登系列童裝問世，並再接再厲推出婦女秋季套裝，因款式不凡、料質柔順、做工精細而成爲年輕太太、時髦女郎的搶手貨，一次又一次地轟動整個巴黎。

在歷史進步與社會發展下，人們的意識觀念也不停地發生變化，跟隨著大環境調整。法國巴黎服裝協會在所有會員的一致要求下，誠懇地重新請回了皮爾・卡登，並擔任該協會的主席。

一個企業若想要長期佔有較大的市場，只固守一部分群體必定不可能達到目標。進行多種產品的生產，從而吸引大部分的群體，才是企業生存和發展的必經之路。

這一點皮爾．卡登辦到了，而且表現得相當精采，令人讚賞。他先由年輕女性著手開發市場，接著擴張到整個婦女群體，從而又把男性與兒童市場都劃歸入自己的經營領域。

可供經營的市場很大，所以我們更應一點一點地細分，訂定各階段目標，從而步步爲營，逐漸擴張，把自己做大。

事在人為，發達靠自己

再壞的市場，也有人賺錢；再好的時機，也有人破產。可見本身經營水準的高低，才是決定勝敗的根本。

如果說經營搬家業也能賺大錢，你相信嗎？

事實上，日本確實有這樣的例子，它叫「阿托搬家公司」，成立於一九七七年。創立之後，僅用九年時間，年營業額就增加數百倍，達到一百四十多億日幣，並從一個地區性公司發展成在全國各大城市都設有據點的大型企業，甚至連美國和東南亞國家都爭相購買其專利技術。

阿托搬家中心的總經理是名女性，名叫寺田千代乃，由於經營管理上的成功，成為日本服務業的明星級人物，更被評為最活躍的女企業家之一。

寺田千代乃出生於一九四七年，學生時代就極爲活潑，不似一般女孩內向害羞，反倒爽朗好勝，像是個男孩。一九六八年，她與寺田壽男結婚，一起從事當時比較興盛的運輸業。但好景不長，不久後發生的石油危機使運輸業由盛轉衰，夫婦兩人很快面臨破產的厄運。

正當寺田千代乃在爲今後的生計發愁時，報紙上一則簡短的新聞引起了注意。報導中說，日本關西地區每年搬家開支約達四百億日幣，其中光是大阪市一地，就有一百五十億日幣之多。寺田千代乃當即產生這樣一個念頭：爲什麼不在這行上碰碰運氣呢？說不定會是一個千載難逢的良機！

和丈夫商量後，兩人決定成立一個專業搬家公司。

但事情可沒那麼容易，其他問題也接踵而來。搬家市場雖然相當廣大，但該如何把分散的客戶吸引過來呢？他們根本拿不出打廣告的資金啊！

想來想去，她決定利用電話號碼簿爲自己做不花錢的廣告，因爲按照當時習慣，想搬家的人一定會從電話簿上尋找搬家公司的電話。日本的電話簿是按行業分類的，而在同一種行業當中，排列又以五十音爲序，所以她決定將公司取名爲

「阿托搬家中心」（あ為平假名的第一個字母），使它在同行中名列首位，查找時可以最先被發現。

光是這樣還不夠，千代乃接著又在電信局提供選擇的號碼中，挑了一個醒目且最容易記住的電話號碼——〇一二三。

以上策略果然奏效，阿托搬家中心開張後，生意相當好，甚至需要提前打電話預約。

此外，寺田千代乃在經營之初，便對搬家技術做過全面瞭解，根據顧客的需要，將傳統的搬家技術與方式進行徹底革新，另外開發出許多附帶的服務項目。

首先，她抓住顧客珍惜家財且不願暴露於外的心理，設計出搬家專用車，把家具全部裝在密閉的車廂裡，安全可靠，無須擔心被路人看見。

接著，針對日本城市住宅多為高層公寓，設計出搬家專用吊車和集裝箱，凡高層公寓居民需要搬家，不需再辛苦地搬著箱子上上下下，只要運用吊車與集裝箱直接從窗口作業即可。

此外，阿托搬家中心還提供相關服務三百多項，例如日本人有一種傳統習慣，因搬家難免打擾到左鄰右舍，因而會贈送一些小點心給鄰居，以表歉意，但是很多人往往因爲忙亂而忘掉這一禮節。阿托搬家中心不但可以代替顧客辦理此事，甚至還提供消毒、清掃新居、代辦戶籍變更、改換電話、學生轉學、報刊投遞、帳目結算等等服務，連室內設計、代購用品、處理廢棄物、修理門窗家具、調試鋼琴也辦得到，周全得簡直超乎想像。

寺田千代乃的成功吸引許多人步入搬家行業，他們紛紛模仿阿托搬家公司的做法，爲了在電話簿上佔據顯要位置，想出許多千奇百怪的名稱。

爲了迎接挑戰，寺田千代乃將開發新服務視爲經營的最重要課題。

「不創新就會落伍！」她經常這樣告誡公司的職員。

資訊時代已經到來，只靠電話號碼簿進行廉價宣傳根本不夠，必須在影響面更廣的媒體打廣告才行。但電視廣告費用很高，五秒鐘就需上千萬日幣，如果達不到預期效果，一大筆資金將形同付之東流。儘管如此，一番思索後，千代乃還是不惜血本嘗試了電視廣告。

事實證明她是對的，電視廣告播出後，收效顯著，阿托搬家中心名聲大作，營業額成直線向上飆漲。

鑑於以往搬家總是「行李未到，家人先到」，寺田千代乃決心進行一項空前變革——把搬家變成終生難忘的旅行。

她特地向德國巴爾國際汽車公司訂做了一款名爲「二十一世紀之夢」的搬家專用車。車長十二公尺，寬二．五公尺，高三．八公尺，前端分爲上下兩層，下層是駕駛室，上層是一個可以容納六人的豪華客廳，裡面有舒適的沙發、嬰兒專用搖籃，另配備有電視機、音響、電冰箱、電子遊樂器等設施。後半部才是裝運行李傢俱的車廂，總載重量爲七噸。

透過電視廣告，新型搬家專用車正式在全日本觀衆前亮相，立刻有來自各地的預約蜂擁而至，尤其是擁有孩子的家庭，更希望可以搭乘「二十一世紀之夢」，過一過豪華旅行的癮。

寺田千代乃也十分重視公司的服務品質，視爲增強與對手競爭能力的最重要手段之一。每完成一宗搬家委託，都要請顧客塡寫「完成滿意證明書」或者「賠償請求書」。搬家作業人員如果連續十次繳回「完成滿意證明書」，寺田千代乃將親自頒發一萬日幣獎金；如果繳回的是「賠償請求書」，非但得不到獎金，還要遭到扣罰薪水的懲戒。

正因爲嚴格的業績考核方法，使公司員工都兢兢業業，把提高服務品質與自己切身利益緊密聯繫。創新技術加上優質服務，這就是阿托搬家中心得以從日本衆多同業中脫穎而出，遙遙領先的關鍵。

再壞的市場，也有人賺錢；再好的時機，也有人破產。再難入門的事業都有人成功，再好賺錢的事業都有人失敗，可見本身經營水準的高低，才是決定勝敗的根本。

寺田千代乃以阿托搬家中心不俗的業績證明，只要走在別人之前，察覺市場潮流和客戶喜好，有自己的獨到之處，做到「人無我有，人有我更優」，就一定能闖出令人驚歎的成績。

多花心思才能提高知名度

雖說名字只是一個符號，卻直接代表了自己，因而誰不想使它顯得更漂亮、更動聽、更吸引人呢？

今日名滿天下的「柯尼卡」（Konica），原名究竟是什麼呢？這個問題的答案，恐怕沒有幾個人知道。

「柯尼卡」原名「小西六」（Konish），屬家族式企業。小西六家族的祖輩小西利卡，是日本豐臣秀吉的家醫，關原一戰失敗後，權勢盡失，子孫們爲了謀生，只得開始經商。一八七三年，他們開設了一家專營照相器材的小店，這便是「小西六公司」的前身。

二十世紀初，「小西六」聘請法國技師開發照相器材，生產出櫻花牌底片，極爲暢銷。二次世界大戰期間，由於受命製造軍用光學儀器、航空膠片及外線底片等，以致戰後轉回民生用品生產路線時，跟不上形勢，丟失了日本照相業霸主的寶座。但「小西六」並不氣餒，奮起直追，陸續推出了可攝佳照相機、優美影印機、音響器材及錄音錄影帶……等，產品種類不斷增加，營業額及利潤也快速增長。

儘管如此，令人遺憾的是公司的名聲始終打不響。人們都知道櫻花牌底片品質很好，可攝佳相機也相當不錯，但都與「小西六」聯繫不起來。因此，每推出一種新產品，都要大費周章作廣告，不能像索尼、松下、柯達那樣，無須花太多額外心思，只輕鬆用本身名號招攬顧客即可。

一九七三年，「小西六」成立百年之際，公司大手筆引進了西方經營理論中的企業識別系統，即CI戰略，並組織成立了CI委員會，由專員井手主持，展開大規模調查和研究，最後提出結論——必須把各種產品和公司的名字統一起來，才能有效提升知名度，進一步增加競爭力，開拓更大市場。

又是十多年過去，一九八六年，終於升任「小西六」總經理的井手，在權衡得失後，毅然決定把舊有公司名稱和商標全部廢棄，改爲「柯尼卡」。

換名稱的理由很簡單，「柯尼卡」與馳名全球的美國照相製品公司「柯達」（KODAK）發音近似，很容易引起顧客聯想。另外，「柯尼卡」的發音明顯比之前的「小西六」明快、清晰許多，無論來自哪一國家，講何種語言的人都能朗朗上口，不必擔心走樣或造成誤會。

爲了讓新名字快速普及，公司除了在各種媒體上大打廣告，於所屬部門及零售店設立告示牌外，還別出心裁地租用一艘巨大飛船，晝夜在東京上空飛行，船身除了印有巨大的「柯尼卡」字樣，還會不停地變色、閃光。

爲了快速提高知名度並博取好評，還在東京、大阪等地，分別舉辦聯歡會，邀請大企業家、新聞媒體大亨、經銷商、社會名流乃至政界要員光臨，展出更名後的新產品，極盡宣揚之能事。

光是這樣還不夠，高層並派出大批人馬，四處出擊，在東京、大阪等城市最熱鬧的街道上，向過往行人贈送包裝上印有「柯尼卡」大字的彩色底片。

改名「柯尼卡」的戰略無疑取得了成功，讓公司名聲大振，如日中天，一掃過往低迷。如今，放眼世界，「柯尼卡」早已是人盡皆知的知名企業了。

今天，許多孩子往往還沒有出世，父母與各方直系、旁系親屬卻已爲了取名字而傷透腦筋，不是嫌這個太俗，就是嫌那個太土，可能不夠氣質、不夠瀟灑，諧音不悅耳，甚至跟不上時代，於是找來厚厚的國語大字典搜羅少見的冷僻字，搞得日後甚至連學校老師都唸不正確，長輩們對新生兒命名的重視可見一般。

其實，與之相較，企業對名字的重視也毫不多讓，說穿了很簡單，雖說名字只是一個符號，卻直接代表了自己，因而誰不想使它顯得更漂亮、更動聽、更吸引人呢？

許多經營多年不見起色的企業，往往透過改換名號卻一鳴驚人，雄風大振，上述的柯尼卡公司，正是一個最明顯實際的例子。

讓「領頭羊」率業績前進

什麼是營銷？怎樣的營銷最容易獲得成功？簡要來說，就是廣納意見、持續改進，更把產品的優勢當作突破點。

日本索尼（SONY）公司是世界知名的大企業，但看著現下風光的模樣，卻很少人知道這品牌在一九七〇年代中期，其實備受美國市場的排擠與歧視。當新上任的索尼公司海外事業部長卯木肇風塵僕僕地來到芝加哥，看到的卻是令人心酸的情景——索尼出產的彩色電視機擺在商店毫不起眼的角落，根本無人問津。

這是爲什麼呢？事實上，在二十世紀前期，日本貨的名聲很不好，儘管外型都相當精緻，價格也不算太貴，卻總給人中看不中用的印象，在美國市場上所占的比率極少。

二次世界大戰結束，經濟復甦之後，日本人逐漸明白，要想佔據世界市場，就必須從改造產品品質與形象入手，而隨著他們付出的努力，其名聲與市場佔有率也如願日漸升高。

邁入一九七〇年代以來，日本人已在過去爲西方國家壟斷的若干領域裡，取得了領先地位，如汽車、自行車、鋼琴、無線電、電視機、答錄機、電冰箱、影印機、電腦等等。

日系商品以優質、價廉著稱，逐步滲透到世界各個角落。

在發現打入美國的計劃受阻之後，索尼採取了一系列因應措施，如刊登廣告、降低價格，但銷路仍不見起色，令卯木肇百思不得其解。

一天，他偶然經過一處牧場，當時夕陽西下，一位牧人正驅趕著一群羊，只見走在最前方的那隻，脖子上繫了一個小鈴鐺，隨著前進而叮噹作響，其餘羊隻尾隨在後。

這情景給了卯木肇靈感，只覺茅塞頓開——常聽人說的「領頭羊」，不正是這個意思嗎？

如果索尼公司能找到一家較具知名度的商店扮演「領頭羊」角色，其他經銷店家必定將魚貫跟隨，藉此方法，必能打開始終不順的銷售網路。

想到這裡，他高興地跳了起來，急忙駕車回去。

經過一番周密的調查研究，卯木肇選定了當時最大的電器銷售商店馬希利爾公司，作爲協助索尼進軍市場的「領頭羊」。可是，當他登門向該公司經理說明來意後，得到的答案卻是：「本公司不賣索尼的產品。」

「你們的產品總是動不動就降價拍賣，擺明像個洩了氣的足球，被踢來踢去，我們不想做賠本生意。」

卯木肇忍氣吞聲，表示接受意見，未來將停止削價銷售，並在報刊上刊登廣告，大造聲勢，重塑形象。

馬希利爾公司經理仍不爲所動，搖著頭說：「索尼的售後服務太差了。」

卯木肇並沒有多作辯解，回去後立即設置了索尼彩電特約服務部，負責產品的售後服務工作，並在廣告中向消費者公布特約服務部的地址和電話號碼，標明隨傳隨到。

第三次登門遊說，馬希利爾公司態度同樣不佳：「索尼在本地形象不佳，知名度不高，不受消費者歡迎，太冒險了。」因而仍拒絕銷售。

卯木肇並不氣餒，仍嘗試以三寸不爛之舌說服對方，誠懇地介紹索尼在日本本土的高知名度，以及每年不斷上升的業績與銷售盛況。

以為成功在望，想不到馬希利爾公司經理又找出一條理由：「索尼產品利潤太小，比起銷售其他廠牌，我們可獲得的利潤則足足少了百分之二。」

卯木肇一聽，當即巧妙地說：「只要商品品質好，銷售速度快，就可以獲得豐厚的利潤。憑索尼的品質，我敢保證貴公司絕對不會遭受任何損失。」

卯木肇每次都以對方的利益做考量，態度誠懇，言論有理有據，最後終於說服了馬希利爾公司的經理，願意試銷索尼的彩色電視，但有一個條件——如果一週內賣不出去，產品原封退回，以後的合作也一筆勾銷。

卯木肇挑選了兩位年輕且精明能幹的推銷員，將兩台彩電送到馬希利爾公司門市，囑咐他們，這不僅是兩台彩電，更是未來百萬美元進帳的開始，將彩電送到門市後，不僅要與店員一起銷售，還要與他們建立友好關係。此外，如果一週之後兩台彩電仍舊賣不出去，兩人也就不必再回索尼上班了。

兩位銷售員肩負著重任走了，想不到當天下午就傳來兩台彩電都已售出的大好消息，門市立刻追加兩台，又很快地售出，之後便開始了大規模訂購。

馬希利爾正式接納索尼公司產品，願意成爲帶領索尼家電打入美國芝加哥市場的「領頭羊」。

當時正值十二月初，是美國家電銷售的旺季，經過一個耶誕假期，據統計，一個月內便售出了七百多台彩電，馬希利爾與索尼皆獲得相當的豐厚利潤。馬希利爾經理更一改過往高傲態度，主動上門拜訪，確定把索尼彩電列入新一年度強打商品，並連袂在芝加哥各大報章雜誌刊登巨幅廣告。

從此，索尼的名字傳遍芝加哥，進而擴及整個美國。有當地最大公司馬希利爾作「領頭羊」，芝加哥其餘一百多家商店紛紛提出經銷索尼彩電的要求，不到三年時間，索尼彩電在芝加哥的市場佔有率攀升到三十％，隨後更熱銷全美，打開了無比廣闊的新市場。

毫無疑問，卯木肇是一個偉大的領導者，除了能想出「領頭羊」計劃，更敢於在一次次的拒絕中，繼續努力，直到讓對方再無毛病可挑、再無話可說，心甘情願接受要求爲止。

不過，我們也不能忽略相當重要的一點——除了領導者展現出的過人智慧，索尼自身產品的優越品質也是成功銷售的強力後盾與保證，否則光憑藉外在加諸的廣告名聲，絕不可能在三年不到的短短時間，一躍成爲芝加哥彩電市場的主流，不是嗎？

什麼是營銷？怎樣的營銷最容易獲得成功？

簡要來說，就是廣納意見、持續改進，更把產品的優勢當作突破點，攻佔消費大衆的眼光與心。

用最靈敏的眼力，找出最需要的助力

企業家應該學習相馬的「伯樂」，在問題發生時，找出解決的最佳辦法，挖掘出最適宜的人才，拉攏最有效益的助力。

蘋果電腦創辦人賈伯斯被世人尊稱為「個人電腦之父」，這個稱號乍聽有些狂妄，實際上卻一點都不誇張。他最為人所稱道的，是有一種神奇的能力，總能獨具慧眼地找出解決某一問題的最佳人選。

在蘋果II型電腦上市當時，他的能力便曾有過充分的展現。

當時，英特爾（Intel）公司的精美廣告深深打動了賈伯斯，他以慣有單刀直入的個性，直接打電話向英特爾的市場經銷部門詢問，得知所有構想設計都是出自吉斯．麥克納廣告代理公司之手。

接下來的一個星期，賈伯斯每天都打電話給吉斯．麥克納，邀請他來蘋果公司看看產品，賈伯斯說，這將是能使整個世界「燃燒」起來的電腦。

最後，廣告公司內部負責接洽業務的法蘭克．柏吉答應了請求，駕車前往蘋果電腦公司總部。

當賈伯斯從辦公室中冒出頭來，柏吉頓時感到頭腦一片空白，張口結舌地愣了約有兩分鐘之久。這也難怪，畢竟賈伯斯留著一嘴鬍子，長髮披肩，穿條破牛仔褲搭休閒涼鞋，怎麼看都不像是一個企業經理人該有的模樣。

當時，柏吉腦海裡唯一的念頭就是趕緊告辭離開，但卻很快被兩件事情深深吸引住，一是他發現賈伯斯儘管不修邊幅，卻精明得令人難以置信；二是賈伯斯口中所講的專業術語，有一半以上都是柏吉聽不懂的東西，但他可以感受到一股源源不絕的熱情與創造力。

但儘管如此，他對新創立的公司仍不太有信心，因而持保留態度，沒有馬上與蘋果電腦公司簽訂任何合約或達成口頭承諾。

但賈伯斯早下定決心，非要麥克納公司來為他進行廣告設計不可，因此他每天都撥打三、四通電話給這位廣告界的老前輩。

最後，靠著堅持與誠意，終於成功打動了這家廣告公司的最高領導者，吉斯．麥克納。在同意接受委託後，麥克納首先要更改蘋果電腦公司的商標圖案，他指派藝術指導羅布．傑諾夫著手進行。

傑諾夫設計了一顆彩色的蘋果，帶有彩虹般的線條，邊緣還被咬了一口，為此他解釋說：「賈伯斯堅持表達出高品質的公司形象，希望商標看起來高貴華麗，而非平凡笨拙。簡化線條，另外再畫出一個被咬的缺口，才能使蘋果看起來不至於像個大番茄。」

這個成功的商標，至今仍被沿用。

另外，麥克納費心地尋找能引起全國注目並一炮而紅的機會。他認為打廣告的最佳媒體是男性刊物，並且最好能出乎一般人的意料，在多次評估討論之後，他選中了《花花公子》。

但在《花花公子》刊登廣告的費用極高，而蘋果電腦當時的狀況也湊巧是「萬事俱備，只欠東風」，什麼都有，就是沒有資金。

在老朋友艾．阿康的引介下，賈伯斯四處走於各大公司，尋找能將價格壓低，給予公司較大彈性的上游廠商，藉以省下相當的成本。

接著，賈伯斯找到了創業投資家麥可．馬克庫拉。馬克庫拉完全被蘋果II型電腦的設計概念所吸引，決定投資九萬一千美元，同時以個人名義擔保，允許蘋果電腦公司取得高達兩百五十萬美元的信用貸款。而這位曾任職於英特爾電腦公司的投資家，所得到的報償是將占有三十%的股份。投資生效日期是一九七七年四月十六日，海岸電腦展示會的開幕日。

賈伯斯等人一致認爲參加西海岸電腦展示會對蘋果公司的發展十分重要，所以很早以前便採取行動，搶佔了直接面對大門的好位置，並且大手筆花費五千美元進行佈置裝飾，使其能突破衆多攤位包夾，吸引大衆眼光。

當展示會於四月十六日上午十點開幕時，蘋果電腦公司已把新產品安置妥當，賈伯斯也穿上了唯一一套正式西裝，在攤位旁從事解說。果然不出所料，蘋果II型在展示會上一枝獨秀，成爲最引人注目的新產品。

根據統計，到同年四月底，也就是電腦展示會後的十多天內，蘋果II型的訂單已高達三百台，而到當年底，共售出蘋果II型電腦四千多台。

銷量還在持續增長，一九七八年售出八千多台，一九七九年的業績暴長四倍，達到三萬五千台。一九八〇年，銷售業績堂堂邁過一億美元關卡。

一九八〇年十二月十二日星期三，為籌募資金，蘋果電腦公司的股票終於在眾人期望中，公開上市。

一小時內，公開承銷的四百六十萬股便被搶購一空。最初出價是每股二十二美元，但上市第一天就上漲到二十九美元，連帶使蘋果電腦公司的市價破天荒地攀升至十二億美元。

兩年後，蘋果電腦公司進入《富比士》雜誌所列的世界前五百大企業名單，創下問世僅五年就打入五百強的記錄。

賈伯斯成為白宮的座上賓，當時的美國總統雷根不僅對他十分賞識，更稱揚其為美國人心目中的英雄。

外行人看來，賈伯斯或許像一個不懂經商的活寶，總是憑衝動行事，又不注重外表，半點不具備成功企業家所應有、光鮮斯文且氣度雍容的模樣。

然而，不可否認，他有自己的獨特之處，一種神奇的能力，就像相馬的「伯樂」一般，能在問題發生時，找出解決的最佳辦法，挖掘出最適宜的人才，拉攏最有效益的助力。

這是他的資本，也是他得到成功的一大主因。

因爲他知道自己與公司究竟需要什麼，因而能夠對症下藥，最終得到比預期更美好的收穫。

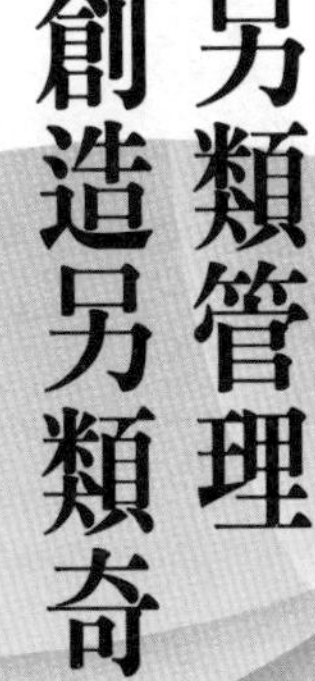

另類管理 創造另類奇蹟

別迷信專家的意見，別被一般的規範與模式左右，切記成功操之在己，眾智思考，還須搭配「自負」行動。

親切微笑比一流設施更重要

哪怕面對著仇敵，微笑也能產生融化冰山的效果。它很簡單，重要性卻超乎想像。微笑很容易，且遠比你預估的更有價值。

一八八七年聖誕夜，康拉德．希爾頓出生於美國新墨西哥州聖安東尼奧的一個挪威移民家庭。

進入中學以後，每當放暑假，希爾頓便到父親經營的小雜貨店裡幫忙，他對做生意、接待顧客相當感興趣。等到從新墨西哥州礦冶學院畢業以後，父親便正式把小店交給了他。

一九一九年一月，希爾頓的父親因車禍去世，他在安葬父親以後，決心將小店轉手，另外開創一番事業。

「水深的地方，才能行大船。」對於他的想法，母親非常贊成。

於是，希爾頓帶著一筆錢，隻身前往德克薩斯州，進行有生以來的第一項投資，果斷地買下他的第一家旅館——梅比萊旅館。

在苦心經營之下，很快的，資產達到五千一百萬美元，希爾頓欣喜而自豪地將這個成績告訴母親，想不到聽完之後，她只是淡然地說：「照我看，你跟從前沒什麼兩樣，不同的是把那條領帶弄髒了一點而已。要想成大事，你必須把握住比五千一百萬美元更值錢的東西。」

「更值錢的東西？那是什麼？」

「除了對顧客誠實以外，還要想方法讓每一個客人住了還想再住。你要找出一種簡單、容易、不花本錢，卻可以長久實行的辦法去吸引顧客，這樣才有前途。」

母親的話不過寥寥幾句，卻讓希爾頓苦苦思量，究竟有什麼辦法可以讓顧客一再光顧呢？

所謂簡單、容易、不花本錢卻可以長久實行的法寶，究竟是什麼？

苦苦思索之後，希爾頓終於找出了答案，就是微笑，只有微笑才能發揮如此巨大的影響。

於是第二天，希爾頓上班後的第一項工作，便是召集手下所有員工，向他們灌輸自己的經營理念：「今後，我檢核工作的最高標準，就是你今天是否對客人保持微笑。」

緊接著，他對旅館進行一番裝修改造，並著手提升客服人員的接待能力。以「你今天對客人微笑了嗎？」爲座右銘，梅比萊旅館很快便闖出了名號。

一九二五年八月四日，「達拉斯希爾頓飯店」竣工，秉持「一流設施，一流微笑」的精神，希爾頓的創業之路越走越寬廣。

一九二九年，「艾爾帕索希爾頓飯店」完工，也就在這時，美國歷史上規模極大的一次經濟危機爆發。多方打擊下，全美很快有高達八十%的旅館、飯店倒閉，希爾頓集團也深陷困境。

如何戰勝危機、渡過難關？

「微笑還管用嗎？」有人忍不住提出質疑。

即便環境如此艱困不利，希爾頓仍堅持自己的理念，滿懷信心堅定地奔赴各地，鼓舞員工振作精神，共渡難關，就算得借債度日，也要持續以「一流微笑」精神來服務，贏得每一位旅客的心。

他不厭其煩地向員工們鄭重呼籲，萬萬不可把心中的愁雲擺在臉上！無論面對何種困難，「希爾頓」服務員臉上的微笑永遠屬於飯店住客！

這不只是希爾頓本人的座右銘，更變成了每一個員工奉行的準則。一直以來，希爾頓飯店的服務人員便以其美好的一流微笑，感動來自四面八方的賓客。終於，希爾頓順利地渡過了一九三三年最險惡的難關，逐步進入黃金時期，再次出手買下兩家旅館，並添置許多一流設施。

又一次，他巡視旅館並詢問員工：「你們認爲還需要添置什麼？」員工們全都回答條件已經夠好，現在什麼也不缺。

他一聽笑了，搖搖頭說：「還要有一流的微笑！要知道，單有一流設施，沒有一流微笑，我寧願放棄，去住那種雖然地毯陳舊些，卻處處可享受到溫暖微笑的旅館。」

「一流設施，一流微笑」，支持著希爾頓的旅館事業蒸蒸日上。

一九四六年五月，希爾頓成立了「希爾頓旅館公司」，翌年，股票在紐約證券交易所上市，這是有史以來首家正式上市的旅館企業。很遺憾的是，也在同一年，希爾頓的母親離開了人世，這令他悲痛不已。

位於紐約，素有「旅館皇后」之稱的華爾道夫．阿斯托利亞大飯店，是當時世界上規模最大、最豪華、最宏偉壯麗的飯店，包括各國元首及富豪明星在內的名人，無不將其當成心目中的「麥加聖地」，嚮往不已。

在母親生前，希爾頓曾多次親口許諾要得到這家飯店，願望終於在一九四九年十月十二日成真。

進入一九五〇年代，希爾頓開始將觸角從美國向外拓展到世界各地，營造屬於自己的「旅館帝國」。馬德里、墨西哥、柏林、羅馬、倫敦、開羅、巴格達、哈瓦那、曼谷、雅典、香港、馬尼拉、東京、新加坡……一間一間的希爾頓飯店相繼開業，創造出前所未有的盛景。

一九七二年，高齡九十二歲的康拉德．希爾頓離開人世，留下近百家遍布世界、備受好評，擁有「一流設施，一流微笑」的希爾頓飯店。

哪怕面對著仇敵，微笑也能產生融化冰山的神奇效果。它很簡單，重要性卻超乎想像。

無論從事何種行業，都不要輕忽微笑可能造成的影響，尤其對於必須與客人直接面對面接觸的服務業，微笑往往掌控了收益高低。

就算正面對著顧客的大聲吼叫，甚至無理取鬧，切記同樣得以微笑對待，避免強詞爭辯，出口傷人。

站在「顧客永遠是對的」思想上，只有微笑才能留人。

微笑很容易，且遠比你預估的更有價值。

防微杜漸，別輕忽細小的錯誤

做生意的方法與途徑有很多，秉持的態度卻只有一種，就是踏實誠懇。實踐應盡的禮儀和責任，才能換取高支持與好口碑。

一九九四年，美國可口可樂公司接到一位婦女的投訴電話，她怒氣沖沖地說：「我在新買的可口可樂裡面發現了一支別針！如果你們不能給我一個令人信服的解釋，我將向聯邦法院控告你們，並向所有的媒體公布！」

天哪！這是怎麼一回事？密封的可樂裡面居然會發現別針？可口可樂公司一時如丈二金剛摸不著頭腦，弄不清楚狀況。

但是，高層對此事非常重視，因爲誰都知道，這樣的事若被張揚出去，再經媒體炒作，過往建立的聲譽必然毀於一旦。

爲此，可口可樂高層火速成立了一支調查小組，連夜奔赴出事地點——科羅拉多州一個名爲布瑞英克的小鎮。

調查小組找到售出可樂的小店，從而又找到批發商，最後確定這瓶有問題的可樂由科羅拉多州某家工廠製造，便馬上帶著那位婦女對這家分廠進行突擊檢查，結果發現生產條件極佳，乾淨衛生，工人也極爲負責，根本不可能將別針誤放進可樂裡。

問題究竟出在哪裡呢？看來是沒辦法查出了。

調查小組成員當即向那位婦女道歉，請求原諒，並且眞誠地說：「您看，工廠的生產條件極好，工作紀律非常嚴格，發生這樣的事情肯定是個意外。雖然查不出緣故，但是請您相信，此後公司將會進一步加強管理，保證類似的事絕不再發生。此外，對於您的精神損失，我們將給予一萬美元賠償，並邀請您前往可口可樂公司總部免費參觀旅遊。若是還有什麼不滿意的地方，請儘管說，我們一定竭力滿足。」

見到可口可樂公司如此眞誠的態度，那位婦女自然怒意全消，高高興興地接受招待，前往總部參觀去了。

面對突發危機，可口可樂公司展現了勇氣和坦誠，以主動負責的態度，沉著而靈活地化解了一場可能引起巨大災難的危機。

只有在經營時不讓顧客產生絲毫遺憾、不滿的公司，才能稱作眞正成功的公司，才有可能達到名利雙收的豐碩成果。

做生意的方法與途徑有很多，秉持的態度卻只有一種，就是踏實誠懇。必須徹底實踐對顧客應盡的禮儀和責任，才有可能換取高支持與好口碑。

不能得罪顧客，當然，更不該欺騙顧客。

穩健中尋求發展，發展中不忘穩健

「小心駛得萬年船」，在商場中打滾，不能總想著矇騙顧客，無奸不成商的觀念，已經徹底落伍。

儘管如今已是呼風喚雨的大人物，回想創業之初，李嘉誠也曾遭遇過沉重打擊——某位客戶大罵他的塑膠製品品質粗劣，不堪使用，要求立刻退貨。

當時，李嘉誠不得不鼓起勇氣，坦然承認品質的確有問題，只怪年少氣盛的自己，一味急於求成，卻把企業信譽的關鍵——品質忽略了。

屋漏偏逢連夜雨，當時李嘉誠手中仍有好幾份訂單，客戶們一個個打電話來催貨，聲稱延誤交貨就要罰款，讓他連老本都一起賠進去。騎虎難下的情況下，李嘉誠只得親自蹲在機器旁監工，然而，靠這些老掉牙的淘汰機器，確保品質又談何容易？再加上廠內大部分工人，其實都只經過短暫培訓，能夠操作機器將製品成型，老實說就已經很不錯了，很難再提高要求。

業務員從客戶那裡帶回來的反應，在在令李嘉誠不寒而慄，大家不但拒收產品，還要長江塑膠工廠擔負起責任，賠償全部的損失。

客戶都是中間商，他們或將產品批發給零售商，或出口給海外的經銷商。塑膠製品早已過了「皇帝女兒不愁嫁」的好年景，用戶對款式品質越發挑剔，再加上塑膠工廠日益增多，競爭自然一天比一天激烈。

競爭法則，說穿了就是優勝劣敗，粗劣的產品必然會被逐出市場。

事態實在是太嚴重了，因爲品質就代表著信譽，信譽又是企業的生命。兩者同時喪失，毫無疑問將只能坐以待斃。

面臨突發危機，終於讓李嘉誠眞正體會到做老闆的難處。他雖曾在其他公司擔任過總經理，全盤掌管日常事務，可一遇上重大事件仍是由老闆做決策，但現在已經不同了，身爲一業之主，就要承擔起所有風險責任。

「如臨深淵、如履薄冰」，許多年資已深的企業主即便面對大好景氣，仍抱持謹慎心態，相較之下，李嘉誠當時畢竟還太年輕，儘管富勇氣與魄力，卻沒有想到創業之後將有種種困難相應而來。

晚年回憶時，李嘉誠曾說：「很多人說我是超人，事實上，我並非天生的優秀經營者，到現在的成就也只敢說還可以。我是在經歷過很多挫折和磨難後，才悟出一些經營要訣的。」

確實，甫創業的李嘉誠遇到了人生的一大磨難，以前很多經歷是來自於無法預料的天災人禍，但這一次呢？毫無疑問，完全是因爲自己的失誤與監督不周才造成，此時若再拿不出毅力和能力，就會徹底失敗。

倉庫全被品質欠佳和延誤交貨遭退回的成品堆得滿滿，索賠的客戶紛至沓來，更令人挫折的是本來還有一些新客戶打算上門考察，一見這混亂情況，當即扭頭就走。

客戶是企業的衣食父母，沒有了客戶，靠什麼生存？李嘉誠急得好似熱鍋上的螞蟻。產品積壓，沒有進帳，原料商仍按契約登門催交貨款，到底該上哪去籌錢渡過難關？

有一次眞被逼急了，他竟脫口而出：「實在沒錢啊！你們乾脆就把我這個人帶走吧！」

原料商大笑道：「想得美！我們要的是錢！你要是眞不肯拿出來，我不但要停止供應原料，還會向所有同業宣揚你『賴帳不還』的事實。」

得知長江塑膠工廠陷入危機後，銀行趕緊派員來催繳貸款，被弄得焦頭爛額、痛苦不堪的李嘉誠不得不陪笑接待，懇求銀行放寬限期，別將長江塑膠工廠逼到宣告破產。

面對如此嚴重危機，自然不得不裁員，被裁的員工鎮日上門哭鬧，在廠上班的則心驚膽跳、憂心忡忡。那些日子，李嘉誠的脾氣也免不了暴躁，動輒訓斥手下，向員工發脾氣，使得全廠士氣低落，人心浮動。

長江塑膠廠面臨著遭銀行清算、被客戶封殺的存亡邊緣。品質就是信譽，信譽是企業的生命，現在品質沒有了，信譽也毀了，企業生命該如何延續？

痛定思痛，徹底反省之後，李嘉誠決定坦誠面對現實，力挽狂瀾，而所要使出的第一招便是「負荊請罪」。

首先要穩定內部員工的情緒，這是企業能否生存的基本條件。因此，李嘉誠坦率地向員工承認了自己的經營方向錯誤，並保證之後無論任何狀況都絕不損害員工利益，希望大家同舟共濟，齊心協力共度難關。

李嘉誠向來給人的印象，就是個說到做到、很有信用的人，於是大家都放下了心，士氣也稍有提高。

等到員工的情緒安定之後，李嘉誠接著一一拜訪銀行、原料商、客戶，向他們認錯道歉，請求原諒，並且承諾在放寬的期限內一定償還欠款，對該賠償的罰金，也如數付清，保證一分一厘都不少。

此外，他還向所有人坦承工廠正面臨著空前危機，隨時都有可能倒閉，因而懇切地期望對方能給予一些幫助、建議。

李嘉誠用誠懇態度打動了很多人，大家都是業務往來的夥伴，若長江塑膠廠當真倒閉，對自己並沒有好處。於是銀行、原料商和客戶一致同意放寬期限，使李嘉誠得到了收拾殘局、重振雄風的機會。

第二招是立即清查庫存產品，將其分門別類、擇優汰劣，然後集中力量推銷，使資金得以較快回籠，分頭償還一部分債務，解了燃眉之急。

李嘉誠的第三招是利用緩衝的喘息機會，對工人進行技術培訓，同時籌款添置先進的新設備，以保證品質。

付出百般努力，搭配上銀行、原料商和客戶的諒解，終於一步一步地捱過難關。一九五五年，長江塑膠廠的營運終於出現轉機，產銷漸入佳境。

也在同年的某一天，李嘉誠召開全廠員工大會，大聲地當眾宣布：「我們已還清積欠各家的債款，也就是說，長江塑膠廠已走出危機！重獲新生！」台下頓時響起震天的歡呼，按捺不住心裡萬分激動，李嘉誠眼含熱淚對全廠員工深深地三鞠躬，感念所有人在長江塑膠廠最困難的時候，同心協力，展現不屈不撓的精神，與他一起渡過了難關。之後，並親手發給全廠每位員工一個紅包。

災劫和磨難可使人敗亡、退縮，但也可使人振奮。堅強的人會從中汲取動力，將其視作向上攀登的台階，就如同一塊好鋼，越經過烈火淬煉，越是完美且堅硬。

多次的挫折和磨難，使李嘉誠變得更加成熟穩重，由一個餘勇可沽、穩重不足的小商人，迅速成長爲成熟的企業家。後來，李嘉誠甚至說：「我能有今天的成就，都是因爲那一次挫折作爲基礎。」

這次磨難之後，李嘉誠就爲自己立下了座右銘，並且把它看作一生的行動準則：「穩健中尋求發展，發展中不忘穩健。」

「小心駛得萬年船」，在商場中打滾，不能總想著矇騙顧客，更不能眼高於頂，搞不清楚自身到底有多少實力。

無奸不成商的觀念已經落伍了，看看李嘉誠的例子吧！因爲能在穩健中尋求發展，在發展中又不忘穩健，對產品品質維持高要求，一旦犯錯便虛心彌補，所以能在大大地摔了慘痛一跤後，重新站起，進而取得輝煌成功。

謀略家的眼光往往投向最遠的未來

商戰市場上千變萬化，每一步都要非常小心，懂得瞻前顧後，經營才能順利前行。懂得放遠眼光，才能看見真正的未來。

眞正的商場戰略家必定具備「遠見」和「膽識」。他們不管現在，因爲在很早之前他們便已預見今天，所以他們努力讓自己超越當下，包括在謀劃眼前方向時，他們看見的經常是明天的結果。

就像著名的商戰謀略大師霍爾茲沃恩一樣，或許眼前的路走得很辛苦，甚至比想像中的還不順暢，但是他從不以爲意，因爲他篤定地知道：「自己預料的未來一定會實現。」

工業革命時期創建的英國GKN公司，到十九世紀末便已經發展成為世界最大的鋼鐵企業之一，但是，隨著鋼鐵工業國有化之後，GKN公司的發展則出現了阻礙。

當時擔任會計師的霍爾茲沃恩給公司的評估報告是：「GKN公司無法再在鋼鐵業發展了，公司方面應該要即刻轉業開發新的產品。」

問題是，要放棄很難，特別是當時的GKN公司才剛創立了一家年產量達六百萬噸鋼管的工廠，如果改採納霍爾茲沃恩的建議廢掉鋼管廠，那麼所有的投資都將化為烏有！

「霍爾茲沃恩不過是一名微不足道的會計師。」有人頗不以為然地說。

於是，高層在權衡當下利弊之後，GKN公司最後決定放棄霍爾茲沃恩的建議，繼續按既定方向走。

但是，情況卻完全照著霍爾茲沃恩的預測前進，就在霍爾茲沃恩提出意見後的第二年，GKN公司的鋼管廠便出現了危機。

深陷困境的鋼管廠最後只能停產收場，就在董事們焦頭爛額之際，忽然想起了霍爾茲沃恩。他們再度把霍爾茲沃恩找來，並破例將他提升爲公司的副總裁兼常務經理。

霍爾茲沃恩上任之後便著手公司轉向的工作，先是買下了比爾菲爾德公司，接著，設法將該公司生產的一個新產品銷入歐美市場，接著又將新開發的運輸機械銷往全球。

面貌全新轉變的GKN公司，在霍爾茲沃恩的領導下慢慢地再站起來，雖然他們曾經遭遇過許多困境，但是在霍爾茲沃恩獨到的遠見下，每一個難關都有驚無險地走過。

膽識過人的霍爾茲沃恩，當然具備了別人所看不見的能力，我們只需花一點耐心思考，不難找出答案。

他成功的原因不外乎「遠見」和「認眞」，能如此的高瞻遠矚，如果沒有努力做過功課，用心地收集市場上的變動資料，很難有此洞見吧！

為了讓公司的損失減到最低，想必霍爾茲沃恩花了不少心力研究，對於難關何時會出現，也一定用心觀察過，當其他公司的經營者只顧著向前衝，或是只顧及眼前利益時，霍爾茲沃恩看見的當然不只是這些。

商戰市場上千變萬化，每一步都要非常小心，懂得瞻前顧後，企業才能順利前行；懂得放遠眼光，才能看見眞正的未來。

從霍爾茲沃恩的表現中，我們也學習了一件事：「只要事情都準備好了，無論市場怎麼變化，我們都一定迎刃而解。」

不怕失敗是經營者必須建立的態度

從企業領導者的士氣便能得見該公司的發展前途，面對挫敗，細心體會出修正的方向，才是對抗困境的正確態度。

只要我們一有行動的打算，便得做好迎接挫折的心理準備，因爲這是生活必經之路。在商場上也是一樣，無論品牌、名聲是否打下，也不管公司發展多麼茁壯，都難免有失敗的時候。

態度決定未來的每一步路，只要能多一點勇氣面對，多一點迎戰失敗的心理準備，無論後來遭遇的風雨多麼強烈，都一定能安然地迎接陽光到來。

索尼公司的創辦人井深大成年之後，便立定決心要開創一番屬於自己的事業。但是，「萬事起頭難」的道理也同樣在他的身上發生。

從研製度量尺的失敗，到電鍋發明的挫敗，就連高爾夫球具和其他各式各樣的生活用品，井深大沒有一樣成功記錄。

這一路遍嚐失敗的滋味，並沒有澆熄井深大的鬥志，反而從這一個又一個的失敗中汲取教訓：「每一種新產品都關係著公司的存亡，我不能再盲目地開發、盲目地生產，否則只會一直嚐到失敗的苦果。」

經過一番深思熟慮之後，井深大決定開發其他公司沒有做過的產品：「我要把電子技術與機械技術結合，研發出全新的日常生活用品。」

當年在早稻田大學理工學院就讀時，井深大最大的夢想，就將電子工程的綜合技術，應用於一般消費產品的生產領域。

一九四九年的某一天，井深大在一間美商辦公室裡看見一台錄音機時，心中立即出現了一個聲音：「就是這個，這就是我要的產品！」

一找到目標，井深大立即行動。只見他邊學邊研發，不到半年的時間，便研製出日本第一台G型的錄音機。從G型的錄音機到輕巧的H型錄音機，再到袖珍型的TR一六三型收音機，井深大並沒有被一時的成功沖昏了頭，他精益求精，讓索尼產品從日本市場拓展到世界各地，如今「SONY」之名已成精品電器的代名詞，它的光芒全是井深大一手琢磨出來的。

從企業領導者的士氣便能得見該公司的發展前途，我們也可以從目前檯面上的領導人物身上得到證明。

像故事中的索尼公司也是如此，遇到困難，井深大反而越磨越勇猛，面對不斷的挫敗，反而從中細心體會出修正的方向，這些都是井深大對抗困境的態度，當然更是索尼公司能有今天成績的重要指標。

因爲品質的堅持與突破的企圖，讓索尼公司從一家小公司慢慢地成長爲跨國大企業，這些都歸功於井深大努力奠下的基礎。

我們熟悉的許多高科技產品，都是他們從錯誤中不斷地調整、修正而研發出來的產品，正因爲這樣的精神，讓消費者對索尼公司越來越支持，也使得索尼成爲享譽國際的一流品牌。

11

與眾不同將使你更接近成功

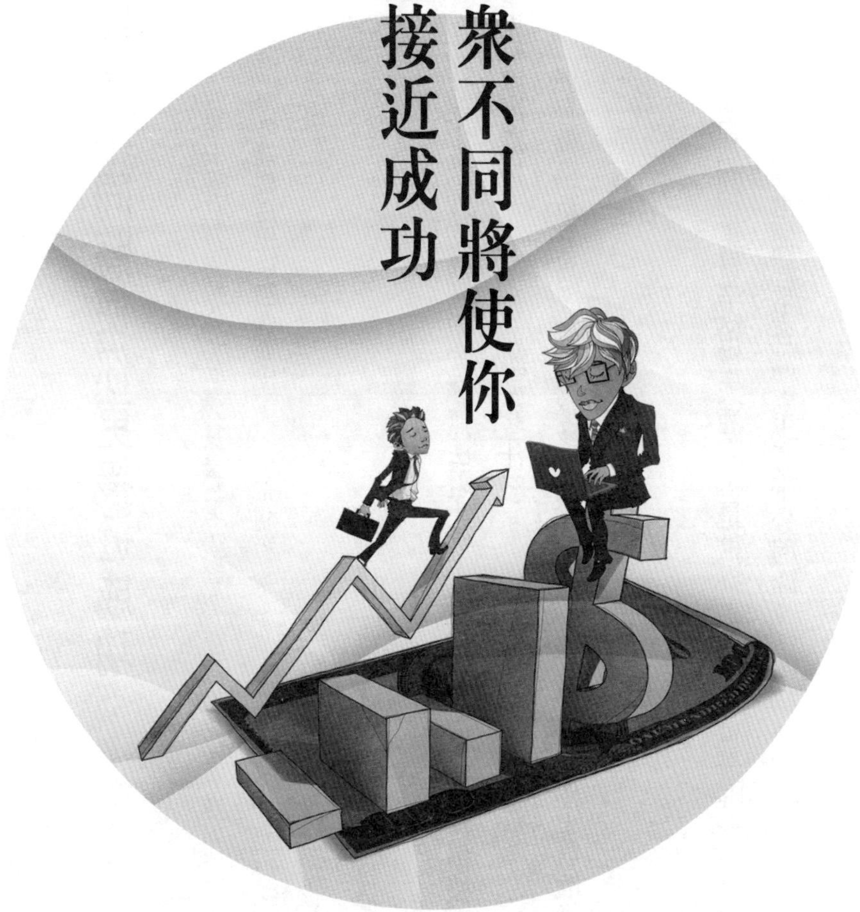

唯有抓住群眾心理，看準社會趨勢，敢於「逆向操作」、「與眾不同」，才能從逆境中突圍而出，以出奇制勝。

與眾不同將使你更接近成功

唯有抓住群眾心理，看準社會趨勢，敢於「逆向操作」、「與眾不同」，才能從逆境中突圍而出，以出奇制勝。

在競爭激烈的商潮中，你無法阻止別人幹什麼，但你能夠根據現下的處境，重新做出選擇，決定自己該做些什麼。

你有權標新立異，因爲很多時候，只要立一點異，馬上就能換得「柳暗花明」、「別有洞天」。

奧地利的特里貝辛格霍夫酒店，是世界上第一家也是唯一一家嬰幼兒酒店，自開幕以來經常便經常客滿，生意十分興隆。

老闆是三十多歲的西格弗里德。從母親手中繼承這家老酒店之後，他就決心銳意改革，將既不起眼也無特色的環境做一番大改變。

接手經營酒店後不久，一個剛做爸爸的朋友前來探望。看見對方滿面春風的模樣，他突然靈機一動，認眞地說：「我想把這家酒店徹底革新，改成一家嬰幼兒酒店。兩個星期以後，希望你能帶著家人一起前來，享受美好的假期。」

最初，所有親友都認爲西格弗里德在做白日夢，可是他卻說做就做，積極地採取行動。除了大規模裝修酒店，添置很多嬰兒床、高腳椅和玩具，還開闢專供嬰幼兒活動的空間，準備迎接小客人光顧。

西格弗里德笑著回憶說：「一開始，大家都說我瘋了。爲此我乾脆一步不出酒店，反正上街也只聽得到各種揶揄。」

情況的發展跌破衆人眼鏡。裝修竣工、再次開門營業後，不出幾個月時間，訂房率便上升到幾乎日日客滿。由於生意奇佳，超乎想像，西格弗里德趕緊追加訂購了大批玩具和嬰幼兒用品。

對於孩子們來說，特里貝辛格霍夫酒店應有盡有，是一個樂園。客房裡掛滿各種各樣的玩具，而且還有遊樂室、酒吧等設備，當然，酒店供應的只是嬰兒喝的罐裝「雞尾酒」，並安排三名經過特別訓練的護士，全天候二十四小時值班。

除此以外，每間客房都裝有一個與接待處連接的警鈴。西格弗里德解釋說：「父母們可以暫時放鬆一下，讓孩子在樓上的客房睡覺，如果寶寶醒了，我們會馬上通知。」

由於做到與衆不同、獨一無二，這間開設於奧地利卡林西亞省，被綠茵和群山環抱的酒店，成功吸引了來自歐洲各國的客人，獲得空前成功。

如果你想尋求新奇的度假方式，還可以前往美國羅德島的監獄酒店，過幾天被迫隔絕塵世的監獄式生活。但請儘早辦理訂房登記手續，因爲準備花上一筆錢讓自己被監禁一晚的客人，可用大排長龍來形容。

這間擁有二十二間客房的監獄酒店，是由年近六十的格拉西所開設。值得格拉西欣慰的是，很多奉公守法的好市民願意掏錢一嘗鐵窗內的滋味。他說：「人們喜歡有特殊情調的地方，所以我盤算著，爲什麼不標新立異些以招徠顧客呢？因此，監獄酒店誕生了。」

酒店的前身是一間監獄，建於一七二七年。監獄遷移後，格拉西用三十二萬五千美元的高價買進，並另外耗資五十萬美元迅速將它改裝爲酒店，再搜羅許多相關的標誌和紀念物品，把酒店裝修成眞正監獄的模樣。

雖然格拉西表示很難找到眞正從監獄流出的器具和物品，但事實上，放眼整間酒店的裝飾佈置和傢俱，基調已經與監獄極爲相近，入住手續也跟入獄差不了多少。客人被當作「犯人」，必須塡寫一份包括監禁日期、預期假釋日期和逃獄汽車種類、顏色和車型等資料的登記表，差別只在不用蓋上手指印而已。

自監獄酒店開業以來，客似雲集，而且大受讚賞。來自芝加哥的卡露蓮說：「我認爲這家酒店的領導者很有生意頭腦。它像監獄，可是非常新鮮好玩，我和丈夫玩得非常開心，以後一定還會再來。」

透過這兩個故事，我們可以很肯定地告訴自己，出奇絕對能夠制勝。

FCB公司的副董事長勞雷爾．卡特勒有句非常貼切且具膽識的名言：「富有創造力的人，對自己的想像力和直覺更有信心。」

眞正擁有生意頭腦的人會在每個經營環節中獲得成功，爲什麼？絕對不是因爲擁有雄厚資本或者有力後台，而是憑藉了創意與遠見。唯有抓住群衆心理，看準社會趨勢，敢於「逆向操作」、「與衆不同」，才能從逆境中突圍而出，以出奇制勝。

把改變當作機會，還是威脅？

管理者必須學會從新的角度、用新的方法來看世界，將環境變化視為改變與更上層樓的機會，而非對原有事業的威脅。

在加入網路拍賣的行列後，家住美國中西部偏遠小鎮，並擁有一家小文具店的莎朗，終於徹底擺脫了偏遠地理位置帶給生意的不良影響。

原先她所住的城鎮只有五萬四千名居民，上門光顧的顧客很少，即便好不容易做成一筆買賣，利潤也低得可憐。

現在則恰恰相反，生意好得不得了！每天一開門，就有源源不斷的現金支票從世界各地送到她的手中。原本一個月才能做成十五件生意的小店，現在每個小時都有十幾件商品可以脫手。

而所有這一切，在以莎朗等人爲代表的七百七十萬電子港灣（eBay）登記會員的眼中，全靠皮埃爾．奧米德亞以及夥伴梅格．惠特曼所率先發起的商業革命——互聯網拍賣運動。

在此之前，很多人動過「網路拍賣」的腦筋，但誰也沒有能像電子港灣的創始人梅格．惠特曼那樣，把傳統商業和網際網路結合得幾近完美。一九九五年電子港灣創建於矽谷，現在擁有近三千萬登記用戶。二〇〇〇年電子港灣的網上交易額高達五十億美元，二〇〇一年成長更是驚人，光是第三季的網上交易額，便有二十四億美元。

但惠特曼並不以此爲滿足，她要用五年時間，將電子港灣的網上交易額往上再提升，衝破三百億美元。

可以這麼說，是一次很偶然的機會，讓奧米德亞成爲這場影響深遠的「商業變革」的發動機。

一九九五年，當時正在美國加州工作的奧米德亞，一直在琢磨如何利用互聯網創造一個更爲公平的市場。一天，妻子向他抱怨，她很喜歡「星際大戰」系列電影中的雷射劍，但卻無法找到更多擁有相同愛好的收藏者，互相交流和交換。

這番話給了他一個靈感，於是開始利用假日時間編寫程式，推出了一個名叫「eBay」的拍賣網站。

剛開始，他只依靠空間商所提供，每月三十美元的網路資源服務來啓動拍賣站點，並且完全免費，但很快，拍賣網站就吸引了一大批使用者加入，以致每月的服務費激增到兩百五十美元。這不是一筆小數目，奧米德亞決定對在網站進行的交易收費。當時定下的收費標準至今仍被沿用──賣方每刊登一件商品上網拍賣，都要交納十美分的手續費，交易若達成，再收取最後交易額的一％爲傭金。

可以想像，最初收到都是幾美分的小錢，但匯總起來便是相當驚人的數字。開始收費後的第一個月，進帳就超過一千美元，第二個月更是增加到兩千五百美元，然後是五千美元、一萬美元。

奧米德亞決定放棄原本的工作，全心投入以經營電子港灣。爲了進一步推廣自己的「網路公平市潮理念」，還在電子港灣網站增設交易者論壇，方便使用者提出意見、抱怨或讚許。這是一個成功的創舉，使得電子港灣更進一步快速成熟起來。

此時，惠特曼加入了奧米德亞的團隊。曾在迪士尼公司擔任市場開拓主管的她，對消費者市場行為預測和風險融資兩方面，都有獨到的眼光與經驗。加入電子港灣後，惠特曼很快為仍處在混亂狀態中的eBay，建立一系列清晰的交易規則，同時整合財務和基礎框架，使其迅速具備了上市的條件。

從一九九七年最初一筆六百五十萬美元的風險投資開始，到一九九八年九月二十四日以每股十八美元上市，再到日後的每股四十七美元，電子港灣的總資產已經超過一百億美元，奧米德亞和惠特曼更成了億萬富翁。

如今，網路拍賣已經在不知不覺中成為一個大市場，拍賣網站也從原來備受冷落的「棄子」，搖身一變成最搶手的「寵兒」。

經過短短幾年發展，電子港灣便創造出令人拍案稱奇的業績，在網路拍賣王國的統治地位，從其擁有的會員數目就可明顯看出。

湯姆·彼得斯曾指出，在現代企業經營策略上，要挖掘創造產業革命的機會，必須學會從新的角度、用新的方法來看世界。將環境變化視爲改變與更上層樓的機會，而非對原有事業的威脅，是一種新視野；以想像力取代資金，作爲衡量組織能量的指標，以核心競爭力來衡量企業實力，也是一種新視野。

企業如果創造產業革命，必須進行以下四件事：

第一，找出產業中根深蒂固的傳統規範。

第二，搜尋科技、生活形態、工作習慣或政治經濟制度上的重要變化，因其中隱含無數重要的、新的機會。

第三，深入瞭解自己的核心競爭力。

第四，利用以上知識，找出一些在自己競爭領域內突破傳統、有革命潛力、實際可用的策略創意。

求取進步，切忌「數典忘祖」

並非每家公司都有百年歷史，有的甚至連十年都維持不了，所以聰明的領導者，在進行重大變革時，不會立即拋棄現有成就。

二十世紀八〇年代，美國的飲料市場上銷煙密布，可口可樂與百事可樂為了爭奪龍頭寶座，搶食這塊大餅，打得不可開交。

一九八三年，可口可樂的市場佔有率爲二十二．五％，百事可樂爲十六％，但是到了一九八四年，可口可樂下滑爲二十一．八％，百事可樂則上升至十七％。

雖然仍保持著領先，但對於可口可樂來說，一點也不值得高興，因爲數據清楚顯示了雙方差距的縮短，如果再不加把勁，大好江山終有一天會拱手讓人。爲了扭轉情勢，可口可樂很快採取了行動。

針對美加地區二十萬名十三至五十九歲的消費者，可口可樂公司進行了調查，結果顯示，有五十五％的受訪者認爲可口可樂不夠甜。

「不甜」有什麼大不了呢？只不過是加點糖而已。在得知調查的結果以後，可口可樂公司的董事們心下這樣想著。

一九八五年五月一日，可口可樂公司在經歷了兩年研究、耗資四百萬美元之後，推出了不同於以往的「新可口可樂」。爲了「新可口可樂」的上市，公司在紐約市林肯紀念中心舉行了一次記者招待會，約有兩百家報紙、雜誌和電視台的記者應邀到場。

但情況不如預期，試喝之後，大多數記者並不看好，這種疑慮立刻加重了人們的猜疑與不樂觀。

二十四小時之內，有八十一％的美國人知道了可口可樂的這次變化，消息傳播的速度遠比一九六九年七月阿姆斯壯登陸月球時還要快。最初的四個小時，公司接到約六百五十通抱怨電話。接下來的三個星期，電話以每天五千通的幅度增加，隨之而來還有許多憤怒的信件。

毫無疑問，新可口可樂引起了衆怒，因爲它大大地傷害了許多消費者對老牌可口可樂的忠誠與感情。有人在舊金山成立了一個「全國老可口可樂飲戶協會」，並舉行抗議示威活動。有人嚷著此後都要改喝茶水，並開始高價搶購市面上爲數不多的老可口可樂，讓許多商人發了一筆橫財。

一九八五年夏天，可口可樂公司總共收到了四萬封以上信件，清一色是對新可口可樂表示不滿與憤怒。

利用這個大好時機，百事可樂公司總裁斯蒂爾在報上發表了一封公開信，聲稱可口可樂之所以改變原先的配方，是爲了使其「更像百事可樂」，「毋庸置疑，正是因爲百事可樂長期以來在市場上取得的成功，方使對方做出這個決定。」斯蒂爾同時以譏諷口吻宣稱「新可口可樂」的推出，意味著百事可樂的勝利，爲慶賀這一讓人陶醉的成功，全公司放假一天。

同年七月十一日，雖然無可奈何，但可口可樂公司董事長戈蘇塔還是非常果敢明確地做了宣佈——即日起，恢復可口可樂的本來面目，更名爲「古典可口可樂」，並在商標上特別標著「原配方」。但與此同時，新配方的生產仍繼續進行。消息傳開，可口可樂公司的股票一下子飆升，百事可樂公司的股票卻相對下跌。由於應變迅速，敢於承認錯誤，可口可樂公司有驚無險地度過了此一考驗。

一年之後，一九八六年五月八日，可口可樂公司迎來了它的一百週年紀念日。最盛大、最壯觀的慶祝活動在亞特蘭大展開。

來日全球上百個國家的一萬四千名代表；三十輛以可口可樂爲主題的彩繪車和三十個行進樂隊；三十萬以上當地和遠道而來看熱鬧的群衆，全都湧進了亞特蘭大。

由於可口可樂公司的卓越經營成就，使其成爲亞特蘭大市和喬治亞州經濟的主要支柱。在慶祝活動中市長安德魯和可口可樂公司董事長戈蘇塔一起引導遊行隊伍，並與合唱團一同演唱起振奮人心的歌曲——「我願給這個世界一杯可口可樂」。

當然，即使在歡天喜地的慶典活動中，可口可樂也不會樂昏頭，忘記自己的老對手。

爲了配合最新廣告口號「跟上浪潮」，典禮策劃者準備一次推倒六十萬張骨牌，並架起了巨大的轉播電視螢幕。當骨牌一塊接一塊倒下去到達終點，一個巨大的百事可樂罐出現了。

最後，骨牌爬上了一個斜坡，並成功引起一次小型爆炸，將百事可樂罐當場炸得粉碎。頓時，在場所有可口可樂公司員工都歡呼起來。

看了可口可樂公司的故事，你能否從中領悟到什麼？

對企業進行變革時，一定不能魯莽行事，更不可拋棄原本存在的優勢。作爲管理者應切記的有：

第一、計劃和調查並不能保證做出最好的決策。

環境在不斷的變化，競爭對手的行爲未必能夠預測，消費者的行爲也具有不確定性以及非邏輯性，他們的喜好與對傳統的聯繫，在媒體的煽動下，往往不能控制。

第二、口味並不是一個可靠的偏好因素。

如果僅依靠口味測試進行規劃並制定決策，很可能犯下大錯。

第三、重視傳統形象。

並非每一家公司都有百年歷史，有的甚至連十年都維持不了。傳統是一種力量，所以有許多時候，不能貿然地施以改變。可口可樂的這一段過去，便是最好的例子

一個聰明的領導者，在進行重大變革時，不會立即拋棄現有成就，並且還將慎重考慮媒體的力量，設法引起公眾廣泛且正面的興趣。要知道，報刊和廣播媒體對公眾觀念都有直接影響，不但可以加劇群體直覺，更可推波助瀾將之發揮到極點。

從錯誤中重建信心

比起情緒性的責怪，倒不如告訴下屬該如何彌補錯誤，說明看法和修正方案，告訴他，你的期望是什麼，並達成共識。

一九六三年春天，任職於GE公司的傑克·威爾許，遭遇了一生最爲恐怖的一場經歷——意外爆炸。

事發當時，威爾許正坐在匹茲菲爾德的辦公室，面對著實驗工廠。一點預兆都沒有，巨大爆炸突然就發生了，強烈氣流掀開了房頂，並震碎所有的玻璃。威爾許飛奔出辦公室，向出事的廠房跑去。一路上，屋瓦和玻璃碎片七零八落，濃煙塵土彌漫在整個樓房的上空。他害怕極了，一顆心怦怦狂跳，汗流浹背，只能拚命祈禱著不要釀成任何傷亡。

這場爆炸為公司帶來了相當大的損失，建築物與實驗器材毀損嚴重，所幸安全措施發揮了一定的作用，讓衝擊波直接襲向天花板，因此沒有人受到重傷。身為負責人，威爾許顯然有嚴重的過失，因此他不得不在第二天驅車前往康乃狄克州的橋港，向集團執行官查理．李德提出報告。

儘管威爾許知道自己可以為爆炸的發生做解釋，也能夠提出一些解決問題的建議，可由於緊張，他的自信心就像那棟爆炸的樓房一樣搖搖欲墜，並且已經做好了迎接最壞可能的準備。

但事情並不如想像那樣糟，走進辦公室之後，查理．李德卻很快就使面前的年輕人平靜下來。作為畢業自麻省理工學院的化學工程博士，查理．李德除了是一位有著很深專業素養的傑出科學家，也是GE公司中級別最高、有著切身化學研發經驗的執行官，自然知道在高溫環境下進行高揮發性氣體實驗，可能會遇上的意外。

「我所關注的不是道歉或賠償，而是你能不能從這次爆炸中學到什麼？你是否能夠修改反應器的程式？」

傑克．威爾許愣住了，完全沒有料到對方會如此詢問他。

「你們是否應該繼續進行這個項目？」查理．李德的表情和口吻充滿理解，看不到一絲情緒化的輕視或者憤怒。

「好了，我們最好是現在就對這個問題有個徹底了解，而不是等到以後生產規模擴張得更大時。感謝上帝，沒有任何人受傷。」

查理．李德的寬厚給傑克．威爾許留下了深刻的印象，每當日後回憶起這段經歷，他總是感慨地說道：「當人們犯下錯誤，最害怕受到的，就是責怪與懲罰。與其如此，倒不如適時給予鼓勵並協助信心的建立，讓他們重新恢復自信心與勇氣。」

下屬做錯了事該怎麼處理呢？很多領導者選擇以嚴肅的態度面對；也有些領導者寧可暗地裡生氣，並在心中祈禱下屬能自覺改過。

其實，這些方法都不得要領。當下屬犯錯誤時，領導必須先做好功課，確實了解情況，知道他錯在哪裡，然後與他交談。

與下屬面談時，要弄清對方是否了解事情的全貌，了解問題究竟出在哪裡，並說明對方犯的錯誤造成了哪些不便。而且要表明，你尊重他所做的一切。

當你說明了下屬的錯誤之後，可以停頓一分鐘，給他一個思考的空間。然後，詢問他如何修正該項錯誤，聆聽他的方案，或是聆聽他對於錯誤的說明，給他說明或提出理由的機會。

比起情緒性的責怪，倒不如告訴下屬該如何彌補，說明你的看法和改進方案，告訴他，你的期望是什麼，並達成共識。

而這一切也正是查理．李德給傑克．威爾許留下的深刻印象與收穫。

給你的員工安全感

如果資方不能考慮員工的「安全需要」，而讓他們感覺自己好似走在鋼絲或坐在火山口一樣，那正是在拿企業本身的前途開玩笑。

美國福特汽車公司的總部是一幢漂亮的大樓，許多人稱其為「玻璃大樓」。有人也取了個別稱為「天堂」，因為這裡畢竟是福特汽車公司的最高權力機構。也許人們會認為天堂裡的生活必定無比美妙，然而錯了，天堂也有煩惱，因為必須受制於亨利．福特的獨裁。

李．艾柯卡就是身在天堂卻備受煩惱的人，這位福特幹將回憶道：「在當上總裁之前，亨利．福特對我來說，只是一位相當遙遠的人物。而如今，在玻璃大樓裡，彼此辦公室相鄰，也經常得見面，雖然只是在會議上。但隨著對亨利．福特的了解越深，我就越擔心福特汽車公司的前途，以及我自己的將來。」

「玻璃大樓」是一座宮殿，亨利．福特是最高統治者，只要他一走進大樓，「皇上駕到」般的凝重氣氛便開始蔓延。高級職員會待在大廳裡，只為了能夠遇到他。假如運氣好，福特也許會注意到他們並打個招呼簡短寒暄。但有時候，他也可能理都不理人。

簡單來說，他握有生殺大權，可以掌控公司裡的每一個人。

「讓他滾！把他的頭砍掉！」

這樣的事情經常發生。亨利．福特重視外表，且總是按自己的喜好，任意而行，在公正聽取別人的意見之前，便獨斷地決定了一個原本頗有才華或前途員工的未來。

一九七〇年十二月十日，李．艾柯卡當上了福特汽車公司的總裁，但他並未因此得意忘形，反而更加謹慎小心的與亨利．福特相處。

一天，亨利命令李．艾柯卡解雇某一位高級職員，因為按他的看法，此人是個同性戀。

「不可能。」李．艾柯卡說：「我跟他認識好多年了，可以保證這消息絕對是空穴來風。他不但已經結婚，還有了一個孩子。」

「把他弄走！」亨利重複道：「他是個同性戀。」

「不是的，而且他的表現如此出色。」

「你瞧他那副模樣，太瘦了。」

「就算如此，那又跟工作有什麼關係呢？」

「太怪了，一副娘娘腔的模樣，我就是不喜歡。把他弄走！」

結果，李．艾柯卡不得不選擇屈服，把朋友請出去。

爲什麼要這樣做呢？之所以專橫地使用權力，除了因爲亨利．福特性格上的缺陷，更因爲他對這種統治手法的效果深信不疑。

李．艾柯卡擔任總裁初期，亨利便對他透露了自己的領導哲學：「假如一個人爲你工作，就不要讓他太舒適，更不可以讓他舒舒服服按自己的習慣行事，你的言行舉止永遠要和他所預期的相反。與其讓手下自己爲了解你，倒不如使他處於提心吊膽的狀態。」

有誰能想到呢？到後來，這位由亨利提拔上來的總裁也「提心吊膽」了起來，最後同樣難逃被趕走的下場。

亨利看似相當威風，但探究真正得失，留不住人才，對企業絕對是很大的傷害。企業必須讓員工有安全感，如果資方不能考慮員工的「安全需要」，而讓他們感覺自己好似走在鋼絲或坐在火山口一樣，孤立無援，實際上，那正是在拿企業本身的前途開玩笑。

眞正的領導者，必須有足夠的雅量與氣度，調整自己、包容別人，並視逆耳的忠言爲良藥。

員工快樂，企業也快樂

無論關係為何，人與人的相處都是互相的，能夠尊重對方，為彼此著想，才能達成共識，進而謀求「雙贏」。

公司上下的所有員工，都知道董事長海因茨計劃去一趟佛羅里達，大家都異口同聲地對他說：「好好玩一玩吧！您太累了，一年到頭都沒輕鬆過一回，是該讓自己放鬆了。」

可是幾天之後，海因茨又回到了公司。

「怎麼這麼早就回來了？」一位員工問道。

「你們都不在，沒有多大意思。」

他一邊對大家說，一邊指揮著工人在廠房中央安放了一個透明大玻璃箱。員工們納悶地圍過去，看見一隻體型巨大的短吻鱷躺在箱裡。

許多人都沒見過這麼大的短吻鱷，不禁發出由衷的讚嘆。

海因茨笑呵呵地說：「這是我佛羅里達之行最難忘的記憶，所以希望大家在工作之餘，可以與我一起分享快樂！」

在場所有人這才恍然大悟，原來，他是爲了旗下員工，才買回這一條短吻鱷。這個海因茨不是一般人，就是響譽美國的亨利．約翰．海因茨。

亨利．約翰．海因茨，一八四四年出生於美國賓夕法尼亞州。天生優異的領導才能在年幼時便已充分展現，身爲長子的他，帶領著弟弟妹妹們，在父親磚廠的空地上開墾了一小塊菜圃，種植番茄、洋蔥、花生等蔬菜，每到收穫季節，便提著菜籃子向鄰居和磚廠工人兜售。

或許看在弟妹或者其他人眼中，只當一回遊戲，但海因茨卻相當認眞地對待這門生意。他不但堅持下來，而且還將規模擴展得越來越大，十歲時就已經能夠推著獨輪車走街串巷去叫賣，到了十六歲，更儼然成爲了一位小老闆，指揮著好幾個夥計替他種菜和賣菜。

後來，海因茨創建了H．J．亨氏公司，於是便有人說，這個食品王國的「國王」、「醬菜大王」，是從賓夕法尼亞的菜圃一路走進商界的。

一九〇〇年，亨氏公司的產品種類已經超過兩百種，正式躍居大公司的行列。經過幾代經營者的努力，亨氏公司的產品已經成功滲透到每一個家庭的廚房與餐桌上——罐狀金槍魚、青豆罐頭、泡菜、芥末粉等，成爲美國人日常生活不可或缺的一部分。

從亨氏公司的成功發展，可以得到什麼樣的啓發呢？

美國知名金融家伯納德．巴魯克曾說：「我們所有人並不是來自同一地方，但卻互相關聯。」

一個企業能否有效率地成長，會受領導者與員工的相處模式與狀況影響。無論關係爲何，人與人的相處都是互相的，能夠尊重對方，爲彼此著想，才能達成共識，進而謀求「雙贏」。作爲一個領導者，若能認清員工對公司的重要，並滿足他們的需求，員工自然能夠感受到這一份心意，爲企業貢獻自己的心力。

為商品加點神秘色彩

先聲奪人策略具有威力與無窮魅力，但使用這樣的策略之前，必須先考慮到人們的耐心有限，且會被太長久的等待磨光。

一九七三年，台灣摩托車市場的熱鬧景況可用「百花爭妍」來形容，共有十二家廠商投入。其中，富士、鈴木、光陽、山葉、川崎、本田的銷售狀況，都遠比三陽工業好上許多。三陽工業的決策高層在徹底的檢討後，認爲要想在這一競爭激烈之地獲取一席，取決於兩個關鍵因素，一是高品質的產品，二是高技巧的促銷手段。

既然找到了癥結所在，下一步便是採取行動。一九七四年，三陽工業製造出一種新款重型摩托車，自信功能與同類產品相比毫不遜色。接踵而來，便該在促銷手段上做點文章了。在廣告公司的悉心幫助策劃下，三陽工業決計以「先聲奪人」的策略，將其新產品推向市場。

一九七四年三月二十六日，台灣兩家主要報紙刊出了一則沒有註明廠牌的摩托車廣告。將近半版的篇幅是一大片空白，上方有一漫畫式的摩托車插圖，下方寫著醒目的大字：「買摩托車之前，必須慎重地考慮。今天不要買，請再稍候六天，因爲有一部意想不到的好車，就要來了。」

第二天，這一廣告繼續刊登，只將內容稍微更動爲「請您稍候五天」。同行們紛紛抱怨，因爲廣告擺明了告訴消費者不要買車，使他們的業績受到影響，下降了不少。

第三天，廣告再修改爲「請您稍候四天」。這時，連三陽本公司各地的經銷點都受不了而反彈。

第四天，廣告取消了「今天不要買摩托車」這句較具爭議的話，而是改爲「要買摩托車，您必須考慮到外型、耗油量、馬力、耐用度。請再稍候三天，有一部與衆不同的好車就要來了。」

事實上，在這三天裡，來自其他廠家與內部的反彈，在在都讓高層坐立不安，險些要忍不住中止廣告。為此，廣告公司費了好大的勁，苦勸三陽工業無論如何都要堅持下去。

第五天，內容改為：「讓您久候了。這部無論外型、衝力、耐用度、耗油量都令人滿意的摩托車就要來了，煩您再稍候兩天。」

第六天內容改為：「對不起，讓您久候的野狼摩托車明天就要來了。」

第七天，新車種正式上市，搭配上全版巨幅廣告，立刻造成大轟動。發送各地的第一批幾百部「野狼」摩托車，立即全部售罄。

之後，訂單應接不暇，若干地區的經銷商甚至等不及送貨，自行派人到工廠爭著取車，以應付買主的需求。「野狼」成為市場上的大熱門，連帶使三陽工業其他型號摩托車的銷量跟著上漲。

廣告公司對這次策劃造成的影響進行了評估。他們調查到，全台以往日銷摩托車約兩百輛左右，停購六天，少說延滯了七、八百筆交易。新產品一上市，便從中爭取到了不少成交量。他們還從公路監理部門了解到，連續刊登廣告的這幾天，牌照的申請數量明顯減少，「野狼」上市之後，又突然暴增許多，這就是先聲奪人策略的威力與無窮魅力。

透過以上事例，我們可以看出文宣對企業產品的重要性。這則廣告之所以大獲成功，給三陽帶來龐大利潤，是由於其「先聲奪人」的策略成功引起人們的極大興趣，造成一個懸念，受到注目、關心。而隨著時間推移，有如層層剝筍，步步向謎底推進，最終「野狼」摩托車「千呼萬喚始出來」，一下子形成轟動，從而掀起搶購熱潮。

當然，使用這樣的策略之前，必須先考慮到人們的耐心有限，且會被太長久的等待磨光。如果廣告公司擬定的等待期不是七天而是七個月，想必不能達到任何效果。

神秘感可以引起好奇心，好奇心進一步引發購買慾，抓住消費者的心理，就不怕好產品賣不出去。

必先知己知彼，才能百戰百勝

商戰無情，要想在激烈的市場競爭中取得勝利，關鍵在必須對競爭對手的情況瞭若指掌，同時也對自己有清楚的全盤認識。

隔岸觀火不失為一種上策

在經營管理上，當競爭雙方因矛盾激化而造成秩序混亂，智者不會淌混水捲入其中，而是靜觀其變。

毫無疑問，牛仔褲是當今最受歡迎的服飾，因爲耐用好穿且容易搭配，無論男女老幼都喜愛。但你可知道？牛仔褲的誕生，其實是「牛仔褲大王」李維·史特勞斯「隔岸觀火」的結果。

一百多年前，美國加州因爲發現金礦，掀起了一股淘金熱。許多先行者一天之內成爲百萬富翁的消息不脛而走，吸引了更多後續者潮水般湧入。

隨著淘金者日益增多，競爭越來越激烈，除了爭奪礦脈所有權，優良、適用的淘金用具和生活用品也都成了搶手貨。

猶太人李維．史特勞斯也來到了這個巨大的競爭場，但他帶來的不是淘金工具以及所需的資金，而是過去經營的縫紉用品，和他認爲可供淘金者作帳篷用的輕便帆布。

抵達目的地沒多久，縫紉用品就被一掃而空，然而他原先看好的裁縫帆布卻乏人問津。雖然感到納悶與挫折，李維並沒有放棄或跟著投入縫紉用品銷售的競爭，而是冷靜地觀察情況，並耐心等待。

因爲他相信，面前終會出現轉機。

不久，機會終於來到。

一天，李維和某位疲憊不堪的礦工坐在一起休息，這位礦工抱怨道：

「唉，我們這樣一整天拚命地挖掘，褲子破了也顧不上。偏偏在這個鬼地方，褲子又破得特別快，一條新褲子穿不了幾天就得扔了……」

「是嗎？那眞糟糕！如果有一種耐磨實穿的褲子……」

話說到一半，李維就呆住了，帆布不正是最耐磨的布料嗎？對！正是如此！

心念一轉，他立刻把那位礦工帶到熟識的裁縫店裡，對裁縫師傅說：

「用我的帆布為他做一條方便工作的褲子，可以嗎？」

「當然可以，我看，最好要低腰的，還要合身，這樣既方便幹活，看上去又瀟灑俐落。」裁縫師傅興致勃勃地跟著出主意。

「那就拜託了，記得，一定要耐磨且結實啊！」

於是，第一條牛仔褲就這樣誕生了。

由於它美觀、方便、耐磨，很快便深受礦工歡迎，在礦區風行起來。以此為基礎，李維不斷地改進設計和提高品質，牛仔褲逐漸演變成了一種時裝，從加州金礦區邁向城市，從美國邁向世界。

如果當年李維選擇不假思索地投入淘金角逐，而不是「以靜待嘩」冷靜觀之，尋找更適宜自己的切入點，那麼「牛仔褲大王」這稱號，恐怕就不會落在他頭上了。

在經營管理上，當競爭雙方因矛盾激化而造成秩序混亂，智者不會蹚混水捲入其中，而是靜觀其變。

競爭越激烈，對雙方越不利，自己就越要根據形勢的發展作好準備，相機行事，以坐收漁利。

李維沒有投入淘金者的競爭，就在於他能冷靜地觀察眼前千變萬化的情況，尋求可以捕捉的機會，所以最後，他獲得了成功。

等待、忍耐、退讓，這些看似消極的字眼，可能正穩藏著走向成功的關鍵，所以務必要透徹的了解情勢，然後才做出眞正有前瞻性的抉擇。

見機就鑽，瞄準有裂縫的蛋

只要睜大眼睛仔細觀察，只要把耳朵貼近消費者，把競爭者的「縫隙」與消費者的心聲結合起來，就能乘虛而入，搶佔灘頭陣地。

青島伏特加在進入美國市場後，有很長一段時間銷售狀況都不理想，原因很簡單，無論在哪裡，伏特加市場都是俄國的天下。

俄國的伏特加，就像中國的茅台一樣，帶有濃厚的民族特色。當一種商品成為一個民族文化的象徵時，其他民族即便再努力去生產同樣的商品，也不易與它抗衡，就算產品質量再好，要扭轉先天劣勢都是難上加難，因為商品獨具的內涵無法複製。

由此看來，青島伏特加是在打一場必敗的仗。

可誰也沒想到，天無絕人之路，俄國人自己打敗了自己——一九八〇年，蘇聯大舉入侵阿富汗，引起全球的公憤。

青島伏特加的美國代理商蒙那克進口公司，從一片咬牙切齒的怒罵聲中，聽出了千載難逢的商機，立刻開始著手策劃一場扳倒「大隻佬」的劇碼。

不久，《紐約時報》登出一則平面廣告，畫面上有兩瓶伏特加，一瓶是俄國的，一瓶是青島的。俄國伏特加上插著一面蘇聯國旗，廣告文案則是：「俄國人估計錯了嗎？」

目的很明顯，就是在暗示俄國入侵阿富汗，大家別買侵略者的東西。

這則廣告引發了強烈的迴響，紐約一些知名飯店立刻拒絕銷售俄國伏特加，轉而投向青島伏特加的懷抱。

在芝加哥，則出現另外一種現象。上百家報刊雜誌對俄國入侵阿富汗的行爲大加撻伐，電台、電視台也群起攻之，在每晚的黃金時段對此行徑給予譴責。當時各大報也刊載了一幅漫畫廣告，畫面上同樣是兩瓶伏特加，一瓶是俄國的，另一瓶是青島的，分別靠在兩個扶梯上。連續不斷的酒客從俄國伏特加的扶梯上走下來，走上通往青島伏特加的扶梯。

結果可想而知，紐約、芝加哥及美國其他城市的酒吧、飯店紛紛改銷售青島伏特加。

一九八〇年，青島伏特加在美國的銷量增加了一倍，相對的，俄國伏特加的銷量減少了一半。

俗話說，蒼蠅不咬沒裂縫的蛋。俄國伏特加往日的強大地位，來自其文化內涵的不可取代性。要向俄國伏特加挑戰，就必須尋找它的文化「縫隙」。既然俄國入侵阿富汗的行爲引起了公憤，導致伏特加這顆「蛋」裂了縫，蒙那克進口公司這隻「蒼蠅」自然要打它的主意了。儘管這帶點「落井下石」的意味，但也在情理之中。

其實，「縫隙」的源頭有許多種，包括情感的、品質的、功能的、包裝的、價格的……只要睜大眼睛仔細觀察，只要把耳朵貼近消費者，並與他們保持同一「頻率」，就能聽到其眞正心聲。

把競爭者的「縫隙」與消費者的心聲結合起來，就能夠讓自己乘虛而入，搶佔灘頭陣地。

在市場競爭中，必須不停地尋找對手的「縫隙」甚至失誤，才能抓到難得的機遇，讓自身發展更進步更健全。

當然，找縫隙、鑽空子，雖能巧中取勝，但這樣的機會畢竟不多。要在現代商業社會乘虛而入，還是必須以強勁的實力，高品質的產品，與令人滿意的服務態度，作爲後盾和最堅實的基礎。

避實求虛，圍魏救趙

沒有注定打不贏的戰爭，端看以什麼態度去面對。情況越是不利，越應該沉著冷靜，以辨別利害虛實。

中國大陸近代著名企業家范旭東，以生產工業用鹽在商場打下一片天。事業的發端起於第一次世界大戰爆發後，輸入中國的「洋鹽」大幅度減少，市場出現了緊缺，於是他抓住這難得的機會，創建了中國第一家製鹽企業——永利製鹽公司。

在此之前，英國卜內門公司一直壟斷著中國的工業用鹽市場。第一次世界大戰結束後，卜內門公司打算捲土重來，卻發現中國已經有了自己的製鹽企業，頓時感到相當惱火，準備對永利製鹽公司發動打擊。並從國外運來大批純鹽，以低於原價四十%的價格在市場上傾銷，想藉此打倒對手。

范旭東知道永利與卜內門公司的實力有天壤之別，目前根本不能與之抗衡，陷入了兩難。如果永利也跟著降價銷售，結果會是公司財力損失殆盡；但要是不降價，產品就賣不出去，資金同樣無法回收，公司仍難逃破產。

在這個生死存亡的緊要關頭，范旭東不禁回想起自己年輕時因參加「戊戌變法」失敗，倉皇逃亡日本的那段日子。他自問著，自己當年是因爲躲避清政府的拘捕，不得不東渡扶桑，那現在爲什麼不能暫避卜內門公司的鋒芒，轉往日本發展呢？

主意既定，范旭東立即著手對日本市場進行分析，並擬訂計劃。

日本是卜內門公司在遠東的大市場。現下戰爭剛剛結束，百廢待興，卜內門公司的產量有限，既然選擇在中國大量傾銷，那麼運到日本的數量一定不會太多，市場絕對缺貨。

調查之後，范旭東發現，當時日本有兩大財團「三菱」和「三井」，互相爭奪著商界霸主地位，競爭十分激烈。三菱公司已經擁有自己的製鹽廠，三井物產公司沒有，只能依賴進口。這不正是天賜良機嗎？

范旭東立即與三井物產公司取得聯繫，委託為日本總經銷，以低於卜內門公司的價格，銷售永利製鹽公司的紅三角牌純鹽。三井物產公司欣然應允，因為經銷既不耗太多本有資金，又有相當利潤可圖，還解決了自身燃眉之急。雙方一拍即合，很快就達成了協定。

永利製鹽公司的紅三角牌純鹽，雖然在日本的銷量大概只有卜內門公司產品的十分之一，但猶如神兵天降，憑藉自身的特點，再加上三井財團遍佈日本的網狀銷售通路，向原先稱霸市場的卜內門發起突襲。

紅三角牌純鹽跟卜內門公司的產品品質相近，價格卻便宜很多，立刻震撼了日本市場，引起連鎖降價風潮。

日本工業發達，鹽需求量比中國更大，因而大規模削價競爭對卜內門公司造成相當慘重損失。永利製鹽公司的產品因為銷量較小，且成本較低，所以損失相對較少。

卜內門被永利的策略弄得頭昏腦脹，在日本市場節節敗退，無計可施之下，爲顧全大局，不得不主動求和，同意不再針對永利於中國的銷售展開攻勢，同時也希望永利能停止在日本的挑戰。

見自己的「圍魏救趙」戰略取得勝利，范旭東乘機提出條件——停戰可以，但卜內門公司今後想在中國市場調整價格，必須先徵求永利製鹽公司的意見，得到同意後方能行動。

可想而知，卜內門公司雖無奈，但爲也只得應允。

商場如戰場，在弱者與強者的競爭中，以卵擊石硬碰硬，就等於自取滅亡。沒有注定打不贏的戰爭，端看以什麼態度去面對。

情況越是不利，越應該沉著冷靜，以辨別利害虛實。以此爲基礎，才能找出眞正有效的方法，乘其不備，一舉擊中要害，從而達到既保存自己實力，又重創對手，反敗爲勝的目的。

必先知己知彼，才能百戰百勝

商戰無情，要想在激烈的市場競爭中取得勝利，關鍵在必須對競爭對手的情況瞭若指掌，同時也對自己有清楚的全盤認識。

每年在瑞士紐沙特爾天文台舉辦的鐘錶比賽，實際上有其深遠的象徵意義，不僅是一場世界鐘錶業的擂台賽，更是爲了弘揚瑞士鐘錶業的威名。瑞士是憑藉鐘錶調整師的技術取勝的，因爲他們對機械錶的性能非常熟悉，在調整機械表的溫度差、姿勢差上，有著世界最高的技術水準。

這一點，日本人只能望之興嘆。

比較了雙方技術上的優、缺點後，精明的日本精工集團，把發展目標轉向了石英錶，希望以它爲突破口，贏取勝利。石英錶的運行原理是在石英上通入電流，使它發生伸縮性規律振動，然後再將振動聯結馬達來表示時間。以振動的精確性來看，機械錶的確無法與之相比，因爲石英錶計時不受溫度變化的影響，只要加強耐震功能，就能達到令人咋舌的精確程度。

一九六八年的紐沙特爾天文台鐘錶比賽上，十五只精工牌石英錶的參賽成績令考評者瞠目結舌，所有瑞士機械錶的排名，竟然都落在精工錶之後。在沉重打擊下，瑞士直到第二年才把得分表寄往日本，也沒有如往年向全世界公開名次，此外，更宣佈紐沙特爾天文台鐘錶競賽從此停辦。

這等於間接宣告了百年的光榮成爲過去，瑞士鐘錶獨霸的黃金時代終止。紐沙特爾天文台「比武」的失敗，使瑞士人丟盡了面子。爲了雪恥，也爲了奪回失去的自信和榮譽，瑞士人更努力想要追求機械鐘錶的極致和高精確度，卻完全忽略了競賽鐘錶有耐性差、成本高等難以商品化、大衆化等缺點，結果反而又走錯了路，離成功越來越遠。

日本精工集團則恰好相反。他們沒有因爲成功就沾沾自喜、盲目自大，而是迅速轉移思路，準備將競賽的成績應用在生產上，做出將石英錶商品化的戰略決策。如此一來，大賽中獲得的知名度也成了助益，爲產品的大規模生產和走向市場奠定基礎，鋪平了道路。

日本精工集團制定了明確的目標——生產大衆化、小型化的石英錶。一九六七年，在日本東京舉辦的新產品發表會上，推出了輕巧精緻的新型石英錶，立刻風靡整個鐘錶業界，引起轟動與熱烈迴響。

其實，瑞士鐘錶中心CEH投入研發石英鐘錶的時間，遠比日本要早，但卻遲遲到一九六八年才開始推出產品，整整遲了半年。此時，精工錶早已在市場上站穩腳跟，瑞士鐘錶廠家又一次錯過打敗對手的良機。

不久，「石英黃金十年」到來了。在這十年內，石英製錶技術發展到達巔峰，尤以精工超薄石英錶獨佔鰲頭，厚度比錢幣還薄，還可配上特殊高性能的水銀電池。

精工集團領導階層的決策，無疑相當英明果斷，石英錶終於成爲世界鐘錶的主流，深受各地消費者的歡迎，盛銷不衰。爲了抓住機會、乘勝追擊，在國際市場上鞏固地位，精工集團堅決在瑞士錶仍占統治地位的歐洲登陸，藉著設在瑞典的連鎖店代理商站穩陣腳，逐步擴展勢力。

由於精工錶具有低價格和高品質的優勢，加上流通網的支持，很快就佔領了瑞典市場。以此爲基礎，再進軍希臘，然後揮師挺進法德市場，將瑞士名牌錶逼得步步後退。

除此，精工集團還爲歐洲許多大型運動會提供免費計時鐘錶，以營造形象並樹立聲望。在美國，精工錶同樣暢銷，而且逐年增長。

商戰無情，要想在激烈的市場競爭中取得勝利，關鍵在必須對競爭對手的情況瞭若指掌，同時也對自己的優、缺點有很清楚的全盤認識，然後找出市場眞正的需求，或者尙未被開發之領域，進行發展。

了解情況才出手，一出手就必定要奪到完全的勝利，否則，在日趨艱險激烈的企業競爭中，將很難安穩地繼續立足並茁壯。

三十六計，「走」為上策

面對不盡如人意的行銷成果或現實整體大環境，做出「走為上」的決策，有時還能獲得一個修身養息的機會。

鄭周敏（Tan Yu），祖籍福建省石獅市永寧，年幼時由於家境貧寒，沒辦法進學校讀書，十多歲即開始以打漁爲生，從早到晚飄泊在江河之中。後來，爲了討生活，也曾經做過小販。

二次大戰後，他離開家鄉，前往菲律賓首都馬尼拉發展，但由於年齡太小，又沒有出色的一技之長，踏破鐵鞋也找不到一份理想工作。經過反覆思考，他決定重操舊業，在街邊擺賣些小商品。

一次，他在擺攤時，聽說紡紗廠十分需要繞紗用的紗管，立刻四處向收購破爛的店鋪及織布廠詢問。果然選對了目標，那些織布廠用完了棉紗後，一個個的紗管便成了廢物，不是當垃圾扔掉，就是便宜賣給收購破爛的小販。鄭周敏很快與這些織布廠建立了紗管買賣關係，然後又向急需紗管的紡紗廠簽訂供貨合約。透過買低賣高的手法，不到兩年時間，就賺進一大筆錢。

後來，在得知紗管的來源後，紡紗廠開始直接與織布廠聯繫。眼見已沒有太大發展空間，鄭周敏果斷地放棄了這項生意，自己辦起小型織布廠來。利用在買賣紗管期間建立的客戶關係，他的工廠業務獲得了迅速發展。不到十年時間，先後辦起六家工廠，成爲菲律賓知名的大商人。

七〇年代，他結識了菲律賓參議員艾奎諾，並予以一定的支持，因此得罪了總統馬可仕。不久之後，馬可仕因政局動盪，下令實施全國軍管。命令一發布，情勢頓時陷入混亂恐慌，經濟發展大幅衰退。

鄭周敏天性機敏，在市場走向的預測上，頗有一番卓見。見到眼下的情景，經過反覆思考和市場調查後，認爲種種情況都對自己不利，決定採用「走爲上」計策，轉換跑道，尋求新的發展點並保存實力，以待東山再起。

之所以能夠如此果斷的做出決策，與以下這一個故事有關：

美國汽車業有兩位「大哥大」，即通用汽車公司和福特汽車公司，年產汽車高達五百多萬輛，無人能及，即便放眼世界汽車市場，仍佔有著絕對優勢。沒想到在七〇年代連續發生的兩次石油危機，使汽車所耗用的燃料價格暴漲，使人們開始面對買得起車，卻用不起車的窘境。

問題產生後，靈活善變的日本汽車廠立刻盯準了這個機遇，迅速推出耗油比美國汽車少一半的輕型轎車。面對突如其來的挑戰，向來以「豪華、體積大」爲形象特點的通用汽車及福特汽車兵敗如山倒，決堤般潰不成軍，不只出現大量虧損，更面臨裁員、停產的危機。

但通用和福特汽車畢竟是具有豐富經營經驗的老字號，在此危急關頭，果斷地採取了「走爲上」的策略，不再堅持老大的傲氣，及時調整經營方向。通用汽車選擇屈於日本豐田汽車公司之下，提供旗下現有的廠房和技術設備力量，與豐田合作，生產輕型且耗油少的汽車，從而穩住了陣腳。

當然，豐田汽車公司也不是省油的燈，與通用合作就地生產，不但可以藉此衝破關稅壁壘，也將更容易打進美國本土市場。

危機存亡之秋，福特汽車公司同樣採取「走爲上」計策。其不同之處是調整內部生產和經營方式，放棄長期固守的「大而全」策略（即所有汽車零配件自己設廠生產，連購進礦石煉鋼、買進橡膠生產輪胎、購進玻璃砂加工擋風玻璃等等，都不假手他人），改由其他合作廠商提供。

如此有效減輕了自己的包袱，解決管理、技術跟不上時代的難題，從而降低生產成本，度過危機。

上述兩家世界級大廠商的「走爲上」計策，給了鄭周敏很大的啓發。他知道菲律賓形勢短期內不會好轉，於是「走」到當時經濟正在起飛的台灣。

把大部分資金轉移到台灣之後，開設了亞洲信託公司，大規模地經營房地產和各種貿易。由於把握了正確時機，業務因此直上青雲。

而在二十世紀八○年代後期和九○年代，菲律賓政局又發生了變化，艾奎諾夫人曾一度執政，鄭周敏因此再度回到菲律賓。

除了在台灣和菲律賓擁有大量土地，並大舉投資開發馬尼拉灣，旗下的亞洲世界國際集團也分別在菲律賓、台灣、香港、美國、加拿大等地，擁有規模龐大的企業與公司，諸如最爲人所熟知的環亞集團等等。

常言道「留得青山在，不怕沒柴燒」。爲保存力量而躲避或擺脫障礙，以求再戰並且獲利，是一種非常明智的做法。

商戰之理與兵戰相通，經營者面對不盡如人意的行銷成果或現實整體大環境，做出「走爲上」的決策，不僅「左次無咎，未失常也」，有時還能獲得一個修身養息的機會，積蓄力量，以待東山再起。

正是因爲將「走爲上」奉爲準則，一次次明快地決定並執行，鄭周敏才能讓自己如同常青樹般，在商場中屹立，進而躋身世界「億萬富翁」的行列。

商家的競爭，是消費者的福音

透過激烈的良性競爭，不斷地隔空「交火」使雙方都成長、都獲利，事實上是所有消費者的福音。

自從潘伯頓醫生於一八八六年成功配製出秘方以後，可口可樂漸漸成爲美國家喻戶曉的最大飲料品牌。

一九一五年，可口可樂公司強打包裝戰術，將生產和銷售量推上了頂峰。一種最新設計的、容量爲六．五盎司的細頸圓腹瓶登場。這種瓶子一出現，就表現出它無與倫比的魅力，不但容量顯得更大，瓶體曲線也相當具有美感，再加上疲勞轟炸式的廣告宣傳，銷量攀上前所未有的新高點，更加鞏固了它在全美飲料行業的霸主地位。

新瓶子被看做有史以來最完美的設計，可口可樂公司的事業蒸蒸日上，大有「捨我其誰」的老大派頭。

然而光陰荏苒，轉眼二十多年過去，卻有一件令可口可樂公司意想不到的事發生了——花費多年勞力心血打下的江山，竟被百事可樂輕易地瓜分。一九三九年，百事可樂以「一樣價格，雙倍享受」的價格戰術，擊中了可口可樂的要害。對消費者來說，購物時，價格往往是第一順位，其次才是品質。百事可樂公司成功地利用了消費者的心理，不能不說是高招。強大的廣告宣傳，不但打擊了對方、宣傳了自己，而且使百事可樂一舉成名。

百事可樂公司的招數，真可謂一箭雙鵰，打響自己名號的同時，也使可口可樂陷入了進退兩難的尷尬。如果跟著採用削價策略，那麼市面上自動販賣機中的可樂將無法處理；如果增加容量，等於必須放棄大約十億瓶六．五盎司裝的可樂。無論採用哪一種方法，都必須付出高昂的代價。

二十世紀六〇年代，在「百事新生代」戰略引導下，百事可樂公司推出一個又一個新創意，將可樂爭霸戰引向另一波高潮。當時的口號有「喝百事可樂，永遠是年輕一族」、「百事可樂，是生龍活虎的新生代」等等多種。可以明顯看出，百事可樂企圖藉自己的「新」，反襯可口可樂的「陳舊」和「落伍」。

一九八三年，百事可樂公司再度出擊，以五百萬美元的高價，聘請天王巨星麥可·傑克森代言，此舉一出，震撼世界。之後又陸續請來好幾位巨星，使百事可樂聲勢大漲，如日中天。

可以想見的是，這場可樂爭霸戰仍會持續，從過去、現在，直到未來。競爭的雙方不斷地變換新招，而招數越多，品質就越高，喝可樂的人也就越多。透過激烈的良性競爭，不斷地隔空「交火」，使雙方都成長、都獲利，事實上是所有消費者的福音。

只要有創意，到處都是商機

多發揮想像！如果眼前危機出現，讓腦袋多轉幾個彎，你自然會發想出絕妙的好點子，讓人生變得更加精采。

只要有創意，到處都是商機

多發揮想像！如果眼前危機出現，讓腦袋多轉幾個彎，你自然會發想出絕妙的好點子，讓人生變得更加精采。

不論從事任何商業行爲，籌措資金固然重要，但是成功的最大利基，卻在於腦袋裡是否有超越常人的獨特創意。懂得靈活運用創意，往往更能快速獲利，只要敢想敢做，就算是兩手空空，也可以很快變成大富翁。

所謂的「點子」就是我們常說的創意，那是個看不見又摸不著的玩意，是潛藏在每一個人腦袋中的天生本能。

從現代商場來探尋，我們不難發現因爲創意而創造出非常財富的人。這些人最多的時候都是在「思考」，因爲他們知道，多一點時間想像，多用點心觀察，他們便能找到發揮創意的賣點。

出生於北京的何陽是個創意高手。當年他拿出退休金作爲創業基金，然後以三年的時間成就了一家年收入達五百萬元的「點子公司」。

其中最爲人津津樂道的案例是，有一年他發揮巧思和創意，爲一家即將倒閉的免洗筷工廠找到生機。

當他看著這些單調的免洗筷時，心想：「這雙筷子可以有多少變化？這種產品的行銷方式沒什麼可變化的，如果可以在筷子身上表現創意……」

「讓筷子表現創意！」何陽一想到這裡，忍不住在筷子的身上用紅筆塗畫著。忽然他驚呼一聲：「我可以在筷子上寫字啊！」

於是他與老闆商量，設計了一款筷子標示著星期一、星期二……等時間，讓商家能配合著相對應的印有星期幾的筷子來做變化，增加消費者飲食上的樂趣。他們還推出了「四季筷」或是「節日主題筷」，像那些印有「母親節快樂」或「父親節愉快」字樣的筷子，便會在節日的當天出現。

這個小小的變化果然讓人眼睛為之一亮，特別是那些忙碌的上班族，因為過於忙碌而經常忘了今天是星期幾，如今有了這雙筷子的提醒，讓許多生活渾沌的人變得更加清醒，而這個創意最直接的受惠者除了餐館，當然還包括起死回生的免洗筷工廠。

如此新穎又有趣的筷子，銷往日本時也在各大城市引起轟動。日本無論是藍領或白領階級的人每每點餐時間一到，第一個要問的都是：「那間餐館供應的筷子有印日期嗎？」

一個小小的創意和變化就創造了無限商機，這正是何陽用「點子」換得財富的最佳例證。

在筷子的身上作文章非常有創意。商場上人們最容易比較出高低的便是「創意」，就像何陽的筷子一樣，相較於其他平凡無奇的免洗快，何陽的四季筷或節日主題筷的設計，想必你聞所未聞，當你看到時一定會為了筷子上別出心裁的設計感到愛不釋手吧！

一雙再簡單不過的小餐具，經由創意加持，令人眼睛爲之一亮，一如故事中日本上班族的驚喜一般。

讓原本用完即丟的筷子變成了一種生活藝術品，並且成了人們生活上的亮麗點綴，這正是創意創造出來的非凡結果。

創意是人們智慧的產物，更是點亮我們財富之路的照明燈。因此，何陽的故事提醒我們：「多發揮想像！如果眼前危機出現，讓腦袋多轉幾個彎，你自然會發想出絕妙的好點子，讓人生變得更加精采。」

仔細評估市場上的未來趨勢

利用批發與零售的差價來致富，必須掌握正確的市場供需情況，也不怕辛苦地長途運輸，更懂得點滴累積才能從中獲利。

想成就事業得多聽、多調查、多計算，傾聽市場上的需求聲音，仔細調查其中獲利的機率有多少，然後再計算出自己有多少資本可以運用。

凡此種種要素，正說明著想成就事業所需花費的心力。如果我們能比企業家們付出更多，或者思考能比他們更加靈活，即使是角落裡的商機也會是我們創造財富的絕佳起點。

韓明幾年前來到北京打工時，有一天與幾個同鄉一起到東城聚會。

他們經過了一個果菜批發市場，原本想買一點水果吃，但是令他們吃驚的是，那些水果實在貴得嚇人，像是一顆梨便得花去他們一天的工資。

這時，韓明忽然看到一堆家鄉的大棗，連忙開心呼叫著：「我們吃大棗好了，一斤幾毛錢而已！」

只是以產地價格來猜測北京城售價的韓明，向攤販詢問後，再度吃驚得合不起嘴巴！「四塊錢一斤。」小販說。

「什麼，四塊？我們家鄉那兒才賣二毛錢。」另一位同鄉忍不住嚷道。

小販一聽，滿臉不悅地說：「那你回山東去買啊！」

在同鄉批評價格太貴的時候，韓明卻張著嘴巴尋思：「怎麼兩地價格差這麼多？換句話說，中間的利潤可不少啊！」一想到這裡，韓明雙眸登時閃亮了起來，決定回鄉批發大棗來這兒販售。

不久，他運了兩噸大棗來到北京，在東城的水果批發市場裡，以每斤三元二角的價格批發給小販，不到半天的工夫，一整車的大棗全部賣光。

從此，他便靠著販售大棗，累積出一筆又一筆的財富。

像這樣的情況，其實在我們身邊也能發現。產地的批發價與分散各地後的零售價差，因爲中間盤商的剝削，讓這類交易結果只肥了中間的批發商，卻讓兩頭的生產者與消費者全成了冤大頭。

只是，這是資本社會必然發生的情況，這個問題不僅長久存在，即使發展到未來恐怕也不易有所轉變。

那麼在這中間是否還有其他商機？

對韓明來說，他的確看見了，不過想利用這樣的差價來致富，並不是件容易的事。故事中，若非韓明確實掌握了正確的市場供需情況，也不怕辛苦地長途運輸，更懂得點滴累積，未必能穩操勝券。外行的人若想從中獲利，還是要三思而行比較好。

掌握品質，就能創造口碑

透析市場情況，了解市場需要，並且積極地學習，選定目標後全力以赴，正是企業成功的技巧。

當社會朝著現代化前進的同時，企業間的競爭角力也越來越多元了，有些人從技術面積極挑戰，有人則是從價格上去迎戰，但是無論哪一種方法，最終都要回歸產品本身。

回到產品本質，同時也要意識到品質與專業技術的要求，如果能擁有專業的技術，經營者能有正確的判斷，那麼公司想不成功也難。

華凌集團直到八〇年代末期才決定：「未來，我們將有一筆三千萬美元的資金投入冰箱市場。」

不過，在他們決定投入冰箱市場之時，市場上已經有多達一百多家公司專門生產冰箱，還有不少工廠正面臨著過度競爭的經營困境，有一些更面臨不得不淘汰關門的命運。

所以，有不少人對華凌的決策充滿疑惑：「他們爲什麼要生產冰箱？」

從表面上來看，華凌決策者這項決定確實太過冒險，但事實上在此之前，他們已經做足了準備功課，所以，面對人們充滿懷疑的質問聲，他們始終都堅信：「一定會成功！」

當時，市場調查部門對冰箱市場進行了一項嚴密的調查，他們發現：「雖然市場上的冰箱製造廠已經生產過量，但是，這些工廠缺乏專業的技術，所以，他們生產的冰箱品質參差不齊，不只是在外觀上，甚至連基本的功能都無法達到一定的水準。」

換句話說，無論市場上出現多少冰箱，沒有一個能達到滿分，這個情況讓華凌大老闆信心滿滿地決定：「那麼，就由我們凌華來生產造型美觀且品質優良的

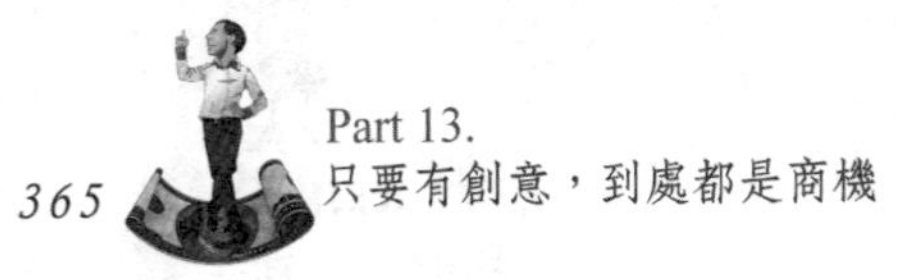

電冰箱吧！」

爲了達到攻佔市場的目標，他們派員前往日本、美國等地進行考察與交流，經過一段時間的學習，他們吸收了世界三大冰箱製造者的技術與生產設備，再仔細調查國內需求，花了近一年的時間，終於研發出最合乎中國大陸人民生活所需的電冰箱。

而華凌也以亮麗的成績證明了，他們的判斷是正確的，因爲該公司所生產的電冰箱已佔中國家電器的第一位。

因爲意識到專業技術的重要性，華凌集團的決策者果斷地決定發展方向。在嚴謹的技術要求下，華凌生產線小心翼翼地朝著「專業」目標前進，當高性能、高品質的產品出爐之後，我們似乎也聽見了如雷的掌聲。

再探究其中成功的元素，企業經營者的自信更爲重要。當市場上的否定聲音紛紛出現，但他們並沒有對自己產生質疑，反而更加堅定信心，他們的成功更因此指日可待。

在透析市場情況並了解市場需要之後，華凌研發出來的新產品自然能贏得消費者的心，在專業的堅持與品質的提升之後，他們更加積極地學習，這些都是他們站上商場龍頭地位的基礎。

「選定目標後全力以赴」，這是華凌企業成功的技巧，從中我們也理解到，想在商場上贏取勝利就是這麼一回事。

培養膽識，是成功致富的第一步

想要成功就不能保守，只要能力求突破，隨時表現出其不意的靈活思考，那麼再艱難的阻礙都無法阻擋我們擁抱成功的喜悅。

你是否經常如此，面對看似不錯的機會，幾經考慮後最終還是放棄了？探究原因，是因為你沒興趣？還是自知實力不足？又或者是你欠缺膽識，害怕面對不可預知的將來？

不能把握機會的原因有許多，其實大多數人的情況是：既欠缺判斷力，又缺乏積極進取的勇氣！

觀察、判斷一件事之後，如果不勇敢嘗試，你又怎麼知道自己的想法正不正確？沒有鼓起勇氣挑戰，你又怎麼知道自己的實力有多少？沒有把握機會，刺激你的智慧，你又怎麼知道自己的潛力有多強？

積極培養你的膽識與信心，勇敢地面對眼前的每一項挑戰，只要能跨步爭取，那麼成功的第一步便已經完成了。

一九七五年，石油輸出國沙烏地阿拉伯對外宣佈一項驚人的決定：「東部杜拜將建造一個大型的油港，總預算約十億到十五億美元，油港興建計劃將向世界各大建商公開招標。」

消息一傳出，歐洲五大建築公司，西德的莫力浦·霍斯曼、朱柏林、包斯卡力斯，英國的塔馬以及荷蘭的史蒂芬，在第一時間全趕到了沙烏地阿拉伯，希望能早一步搶得先機。

美國、法國、日本等國建築公司也匆匆趕來。

最後一個來搶生意的，是來自韓國的鄭周永，他所率領的現代建設集團雖然姍姍來遲，卻是所有競爭團隊中最強勢的一個。

一到當地，便有公司表示與他合作的意願，提議一起承包工程，甚至有人還提出：「只要貴公司退出競爭，我們願意支付一筆補償金給你們。」

爲什麼會有這麼奇怪的現象？全因爲鄭周永的膽識深爲同行所懼。據說，鄭周永曾經以十分鐘不到的時間擊敗了所有競爭對手，一舉標下了韓國「自檀君開國以來最大的工程」。

有人因此封鄭周永爲「阿拉斯加來的土匪」，正因爲他的冒險精神和置成敗於度外的大膽行爲，再加上他老是不按牌理出牌，令國內外業者一聽見他要參與，個個都坐立不安。

這天，鄭周永的好朋友大韓航空公司社長趙重勛突然來找他喝酒敘舊。閒聊過程中，趙重勛意有所指地對鄭周永暗示說：「兄弟，這項工程可是塊很難啃的骨頭啊！」

「是嗎？不過，我有把握把它啃下來！」鄭周永胸有成竹地說。

這時，趙重勛卻壓低了嗓門說：「你何必冒這個險呢？只要你肯退出，你就能不費任何力氣得到一筆意外之財！」

鄭周永一聽，吃驚地看著老朋友，登時也明白老朋友的弦外之音，但是他仍不動聲色地問道：「有這等好事？」

趙重勛以爲朋友已經動心，便不再旁敲側擊，說出來訪目的：「實不相瞞，法國斯比塔諾爾公司委託我勸你，他們開出條件，只要你不參加這場競賽，他們願意支付給你一千萬美金。」

鄭周永沉默了一陣，心中也想出了一條妙計：「對不起，這項工程我還會積極爭取。」他接著舉杯一飲而盡，抱歉地說：「對不起，失陪了，我現在還有件緊急的事情要辦。」

「什麼緊急的事？」

「唉，還不是爲那一千萬保證金……」只見鄭周永故意把話說到一半便停止了，接著便匆匆忙忙地撇下老友。

法國人得知趙重勛提供的「情報」後，立即估算出鄭周永的投標價格。按照投標規定，得標者需要預交工程投標價格百分之二的保證金，由此推算，現代建設集團的投標報價可能在二十億美元左右。然而，他們怎麼也沒有料到，這竟是鄭周永送給朋友的「假情報」，在此期間，鄭周永則頻頻利用「假情報」向其他競爭者施放煙幕彈，以擾亂對手的陣腳。

另一方面，他則積極評估本身的各方優勢，在旗下重工業及造船廠的直接支援下，他決定以「傾銷價格」來爭取勝利機會。從初始報價十二億美元為基礎，他分別進行了百分之二十五與百分之五的削減評估，最後決定以八點七億美元為他們的競爭底價。

對於這個價格，他的助理田甲源卻十分反對，對鄭周永說：「削減到百分之二十五就好了，我認為九億三百一十一萬美元就可以拿下這個工程了。」

但鄭周永仍堅持道：「競標不是遊戲，只有第一名，沒有第二名。」

為了拿下這個工程，鄭周永再次發揮他的攻掠作風，只是強勢的他卻未料到田甲源竟然沒遵照他的命令競標。在關鍵時刻，田甲源最後在標單上寫下了九·三一一四億美元，自信可以獲得勝利的他，信心滿滿地走進了競標場地，等待宣佈勝利的那一刻。

就在這個時候，田甲源卻聽見主持人宣佈：「布朗埃德魯特公司，九億零四十四萬美元……」

田甲源聽到這個價格時當場愣住，因爲他怎麼沒有料到，第一次自做主張便犯下嚴重錯誤，臉色蒼白的他跑出了會場，滿臉愧疚地對鄭周永說：「董事長，您的決定是對的，但，我……我沒有照您的指示競標，我們最後比美國人多了三百萬美元……」

「你！」鄭周永知道得標無望了，儘管心中怒不可抑，但是這裡畢竟不是國內，在這個國際場合發怒實在不妥，於是只得耐住性子等到開標結束。

就在這個時候，另一個助理忽然興奮地跑了出來，大聲地對他們說：「董事長，我們成功了！」

一下子失敗，一下子成功，所有人都呆住了：「到底誰的消息正確？」

其實，他們兩個人的訊息都沒錯，一切是因爲各國競標方式不同所帶來的困擾，原來美國布朗埃德魯特公司的報價是分兩部份進行，其中的九億零四十四萬美元是第一部的標價，而田甲源的價格則是總價，也就是說，現代建設最後以所有競標者的一半價格標下了這項大工程。

所有人都呆住了。

拿到工程的韓國團隊是開心得呆住了，而其他競標者則是被這個價格驚呆了。因爲他們怎麼也沒料到，鄭周永居然放出假消息，更懊悔自己居然會被煙幕彈迷惑，而錯估了競標局勢。

鄭周永勢在必得的強勢作風，確實是成功的最佳助力。他大膽地放出假消息，並將計就計地引導競爭者錯估形勢，終於獲得最後的成功。爾虞我詐只是邁向成功過程所施展的戰術運用，對想要成功致富的人來說，鄭周永的成功背後有更多值得探討的空間。

就像鄭周永所說的，「競標不是遊戲，只有第一名，沒有第二名」，如果田甲源因爲自作主張而失去機會，那麼所有的失敗責任當然要由自己一肩擔起，在任何團隊裡，任何人都知道必須遵守「服從」的遊戲規則。

再者，面對作風大膽的韓國團隊，其他競爭對手居然誤信謠言，紛紛以鄭周永放出的假消息爲競價標的，進而忽略了成本等實際估價的重要性，失敗的結果自然不必等到最後一刻便已分曉。

從鄭周永的大膽作風中，我們發現了保守是失敗的主因。培養自己的勇氣與膽識是十分重要性的一件事，因爲一旦我們缺乏了挑戰與突破的勇氣，那麼再好的機會最終都會離我們而去，如果我們不能有獨到的見解與視野，那麼再多的機會最後都會與我們擦身而過。

在這場競爭激烈的商戰過程中，我們也學習到了，想要成功就不能保守，只要能力求突破，隨時表現出其不意的靈活思考，那麼再艱難的阻礙都無法阻擋我們擁抱成功的喜悅。

找出特點，就能創造賣點

每一步都要因時制宜，不斷地尋找出最適合顧客們的口味與需求偏好。有了獨門秘方，才能長久地留住顧客們的心。

「只要你擁有創造性的頭腦，任何行動都是你實踐夢想的第一步。」這是國際金融家索羅斯給每個想要成功致富的人的忠告。

不過，想開始實踐夢想之前，你必須謹慎評估自己的優缺點，然後找出自己的特點。只要找出特點，你就能創造賣點。

仔細想想，我們經常光顧的店家具有什麼樣的吸引力，讓我們心甘情願地天天光顧？他們的店裡又有著什麼樣的「鎮店之寶」，能令我們心甘情願地捧著大把鈔票前去消費？

在這些反省中，我們眞正要找出的答案不是「什麼物品」，而是爲什麼他們的產品具有「獨一無二」的特點。

一九九一年，在香港上環德輔道上，有一間名爲「一洲酒家」的藥膳專賣店剛剛開幕，立即造成轟動。

業者從中國人喜好「進補」的觀念中，調合出各式以中醫藥理爲基礎概念的膳食，舉凡湯羹、海鮮、麵飯、甜品或酒類……總之，只要日常生活中想得到的飲食，業者都能加入草藥，讓吃不僅是種美味的享受，更是方便人們保健養生的好方法。

由於這樣的健康飲食確實功效卓著，因此在很短的時間內，養生膳食便成了當地人最流行的飲食方式，各地的「藥膳之家」更是如雨後春筍般出現。不過，無論各店家如何宣傳廣告，似乎都無法取代「一洲酒家」的地位。

究其原因，不單是因爲它是創始店，更重要的是經營者的專業與用心，讓顧客們在選擇餐館時都會想到它。

就像在菜單上所寫的「以藥材原味、食材鮮味為主，絕不含人工色素與味精」，業者以最好最新鮮的品質招徠顧客，再加上「中醫師」進駐把脈，讓一洲酒家的膳食儼然成為最專業的膳食之家。

他們的用心也在菜單上發揮得淋漓盡致。像一道「養顏益壽湯」，是一洲店內最貴的菜式，他們在菜單上附註著：「食材有燕窩、野山人參、灌山石附與烏雞，具滋補養顏、補肺氣、降血壓、緊實肌膚等功效。」

雖然價格昂貴，然而在這短短幾行字的吸引下，顧客們每每都略過了它下方的價格，毫不考慮地點選了它。其他像是最受饕客們歡迎的「松子核桃炒飯」，加入了藥材更是別具風味。還有中國人最熟悉的「八寶甜飯」等等，在一洲廚師與中醫師們努力研發改良後，更讓「一洲酒家」成了觀光客們來到香港非得一遊的勝地。

此外，為了讓店家更具獨特性，他們還有中醫師駐診的促銷花招。當醫師為客人們診斷後，會為顧客們設計一份食療計劃，並細心教導顧客們簡易的食療保健方法，如此用心的經營更是讓同行敬佩不已，畢竟這其中所投入的資金與人力是相當可觀的。

不過，有付出也必然會有收穫。在國內外顧客大力推薦下，如今一洲的膳食已經名揚天下，特別是日本遊客更是點名為「最愛」。他們甚至回國後，還會以郵購的方式向一洲訂購產品，以持續保持自己的「健康身體」呢！

這個借重「中醫」專業為經營手法的餐廳，的確令人讚嘆，因為他們必須花費的功夫比起一般餐館要多上好幾倍。像是藥材與食材的新鮮度，食材與藥材間的衝突或配合後的效果等等，都不是隨便找幾本參考書就能調配出來的，必須一一加以印證。

從中我們也了解到一件事，無論我們從事哪一種行業，都要要求自己：「不能成為唯一，但要成為最好的！」

無論是主管或是小職員，態度都要像故事中擬定「菜單」一般用心且專業。在這個創意菜單中，我們看見的不只是食物的好與壞，最重要的是，我們更看見了這個工作團隊的努力。

爲了成爲「第一」，他們在食材與藥材上所花費的功夫是我們無法想像的，或者我們也可以這麼說：「成功者的腳步也許看似輕盈，但事實上他們著墨的力道業已『入木三分』！」

其實，想讓勁道能有「入木三分」的功力並不難。就企業經營者的角度來看，無論是員工還是公司的未來方向，步伐可以緩慢累積，但每一步都要因時制宜，找出最有賣點的特點，就像故事中的膳食配方一樣，不斷地尋找出最適合顧客們的口味與需求偏好。

有了獨門秘方，才能長久地留住顧客們的心。

靈魂深處無助的生命絕唱，
日本無賴派文學大師太宰治代表作品
人間失格
にんげんしっかく
太宰治
著
纖細而敏感的人最容易在人間受苦，幸福並非理所當然，美麗往往象徵著沉重的壓力，
明知道越沉淪越沒人格，仍舊選擇墜向無法自拔的深淵；
深深的絕望源自內心的迷茫，為了逃避現實而不斷沉淪，
經歷自我放逐，終究一步步走向自我毀滅的悲劇。
日本無賴派文學大師太宰治藉由小說主角的人生遭遇，巧妙地將自己的一生與思想涵蓋其中，
認為自己是個「失去人格的人」，在小說中描寫一個中年男子的墮落過程，
實際上是拿著文學的利刃，切剖自己最柔弱的內心深處……

阿Q正傳

THE TRUE STORY OF AH Q

魯迅短篇小說
精華典藏版

魯迅 著

魯迅，中國近百年小說發展史上最偉大的文學巨匠，
也是享譽國際的偉大作家，他的作品無論在藝術或思想上，
都有著深遠的影響力和穿透力；《狂人日記》是他的成名代表作，
呈現了混亂時代的脈動，反映出病態社會的悲哀，人性的善良與醜惡，
書中以隱喻的筆調揭露「禮教吃人」的猙獰面目，
譏諷那些衛道的偽君子「話中全是毒，笑中全是刀」。

儒勒·凡爾納 *Jules Verne* 著 楚茵 譯

環遊世界八十天

Le tour du monde en quatre-vingt jours

一場意外的賭約，費雷斯·福格帶著他的僕人「萬事通」，展開了為期八十天的世界之旅，
途中他們經歷了颶風、冰雪、火車搶劫……種種不可預知的風險，
在在考驗這對主僕能否順利完成任務。歐洲、非洲、亞洲、美洲，總長兩萬六千英哩的艱險路程，
萬一不能在八十天內環繞世界一周，費雷斯·福格的身家財產將會全部付諸東流……

媲美《哈利波特》的心靈魔法書

THE SECRET GARDEN

秘密花園

這是一部關於大自然魔法和心靈成長的經典名著，
也是一部和《哈利波特》一樣領盡風騷的暢銷作品。
《哈利波特》的魔法來自幻想，
帶給讀者的是奇幻的故事和天馬行空的想像。
《秘密花園》的魔法則來自於心靈的力量，
訴說著愛和大自然的力量最終會改變一個人的愛情和命運。
《秘密花園》不僅是一本適合青少年閱讀的心靈魔法書，
同時也是適合成人閱讀的命運魔法書。

法蘭西絲・H・勃內特 Frances H.Burnett 著

智富館

02

有錢人的做法和你不一樣 全集

作　　者　岳達人
社　　長　陳維都
藝術總監　黃聖文
編輯總監　王郡凌
出 版 者　普天出版家族有限公司
新北市汐止區忠二街 6 巷 15 號
TEL / (02) 26435033 (代表號)
FAX / (02) 26486465
E-mail：asia.books@msa.hinet.net
http://www.popu.com.tw/
郵政劃撥 19091443 陳維都帳戶
總 經 銷　旭昇圖書有限公司
新北市中和區中山路二段 352 號 2F
TEL / (02) 22451480 (代表號)
FAX / (02) 22451479
E-mail：s1686688@ms31.hinet.net
法律顧問　西華律師事務所・黃憲男律師
電腦排版　巨新電腦排版有限公司
印製裝訂　久裕印刷事業有限公司
出 版 日　2024 年 1 月第 2 版第 1 刷
I S B N◎978-986-389-897-9　條碼 9789863898979

國家圖書館出版品預行編目資料

有錢人的做法和你不一樣 全集／
岳達人著.—第 1 版.—：新北市,普天出版
2024.1 面； 公分. - (智富館；02)
I S B N◎978-986-389-897-9 (平裝)

普天之下・盡是好書
普天出版家族
Popular Press Family
淩雲
A-Plus Creative Company
文創